文部科学省後援
実用フランス語技能検定試験
2013年度 1級
仏検公式ガイドブック
傾向と対策＋実施問題

フランス語教育振興協会編

公益財団法人　フランス語教育振興協会

まえがき

　21世紀、世界から孤立せず、世界と対話しながら、平和で豊かな未来を切り開いていくためには、多くの日本人がさまざまな外国語をマスターしていることが大切です。

　フランス語は、フランスだけでなく、多くの国・地域で、また、国連をはじめとする国際機関で使われている言語です。さらに、フランス語は人類に普遍的な価値、独創的な文化を担っている言語でもあります。

　フランスの企業が次々に日本に進出してくる一方、日本の企業もフランスに広く展開しています。トヨタやユニクロ、無印良品のフランス進出、日産とルノーの提携などはその典型的な例です。英語力とともにフランス語力は仕事のうえで強力な武器となります。フランス語をマスターしてアフリカ諸国で国際協力、援助活動に従事している人々も少なくありません。また、フランス語を学ぶこと、フランス語を使いこなせるようになることは、自分の人生をより豊かに生きる道につながります。

　1981年以来、文部科学省とフランス大使館文化部の後援を受けて実施されている「仏検」は、フランス語を聞き・話し・読み・書く能力をバランスよく客観的に評価する検定試験として、ますます高い評価を受けています。1級・準1級・2級・準2級・3級・4級・5級の7段階を合わせて毎年約3万人が受験しています。また、大学の単位認定や編入学試験、大学院入試等に利用されるケースも多くなっています（多数の学生が受験している学校のリストが巻末にありますので、ご参照ください）。

　本書は、1級の傾向と対策を解説した第1部と、2012年度春季に実施した仏検の問題にくわしくていねいな解説・解答を付した第2部とから成る公式ガイドブックです。書き取り・聞き取り試験のCDが付いています。本書をフランス語の実力アップと仏検合格のために、どうぞ活用してください。

　なお、本書全体の監修ならびに第1部の執筆は平野隆文が担当し、第2部の解説は井上櫻子が執筆しています。

　　2013年3月

　　　　　　　　　　　　　公益財団法人　フランス語教育振興協会

目　　次

まえがき ……………………………………………………………… 3
実用フランス語技能検定試験実施要領 …………………………… 5
2012 年度仏検受験状況 ……………………………………………… 7
1 級の内容と程度 …………………………………………………… 8
解答用紙（雛形）…………………………………………………… 9

第 1 部　1 級の傾向と対策 ………………………………………… 11
　　　　［Ⅰ］1 次試験の傾向と対策 …………………………… 12
　　　　［Ⅱ］2 次試験の傾向と対策 ………………………… 169

第 2 部　2012 年度　問題と解説・解答 ………………………… 173
　　　　2012 年度　出題内容のあらまし ……………………… 174
　　　　1 次試験　筆記試験　書き取り・聞き取り試験 …… 175
　　　　2 次試験　面接 …………………………………………… 189
　　　　総評 ………………………………………………………… 191
　　　　解説・解答 ………………………………………………… 194

学校別受験者数一覧 ……………………………………………… 227

実用フランス語技能検定試験　実施要領

　実用フランス語技能検定試験（仏検）は、年2回、春季（1次試験6月・2次試験7月）と秋季（1次試験11月・2次試験1月）に実施しております。ただし、1級は春季のみ、準1級は秋季のみの実施です。

　2次試験は1級・準1級・2級・準2級の1次試験合格者が対象です。なお、隣り合う2つの級まで併願が可能です。

　また、出願の受付期間は、通常、春季は4月から5月中旬、秋季は9月から10月中旬です。

◆各級の内容

1級（春季のみ）　《1次》　筆記試験（記述式・客観形式併用）120分
　　　　　　　　　　　　　書き取り・聞き取り試験　約40分
　　　　　　　　　《2次》　面接試験　約9分

準1級（秋季のみ）《1次》　筆記試験（記述式・客観形式併用）100分
　　　　　　　　　　　　　書き取り・聞き取り試験　約35分
　　　　　　　　　《2次》　面接試験　約7分

2級　　　　　　　《1次》　筆記試験（記述式・客観形式併用）90分
　　　　　　　　　　　　　書き取り・聞き取り試験　約35分
　　　　　　　　　《2次》　面接試験　約5分

準2級　　　　　　《1次》　筆記試験（記述式・客観形式併用）75分
　　　　　　　　　　　　　書き取り・聞き取り試験　約25分
　　　　　　　　　《2次》　面接試験　約5分

3級　　筆記試験（客観形式・記述式）60分
　　　　聞き取り試験　約15分

4級　　筆記試験（客観形式）45分
　　　　聞き取り試験　約15分

5級　　筆記試験（客観形式）30分
　　　　聞き取り試験　約15分

◆受験地（2012年度秋季）

1次試験　　札幌、弘前、盛岡、仙台、秋田、福島、水戸、宇都宮、群馬、草加、東京、神奈川、新潟、金沢、甲府、松本、岐阜、静岡、三島、名古屋、京都、大阪、西宮、奈良、鳥取、松江、岡山、

	広島、高松、松山、福岡、長崎、熊本、別府、宮崎、鹿児島、西原町（沖縄県）、パリ
2次試験	札幌、盛岡、仙台、群馬、東京、新潟、金沢、静岡、名古屋、京都、大阪、松江、岡山、広島、高松、福岡、長崎、熊本、西原町、パリ

＊上記の受験地は、季ごとに変更となる可能性があります。また、会場によって実施される級がことなる場合がありますので、くわしくは、最新の仏検受験要項・願書またはAPEFのホームページをご覧ください。

＊最終的な受験地・試験会場の詳細は、受験票の記載をご確認ください。

◆出願方法　下記の2つの方法からお選びください
1. **インターネット申込**：詳細はAPEFのホームページをご覧ください。
2. **郵送申込**：受験要項・願書を入手→検定料納入→願書提出、の順でお手続きください。
   ＊全国の仏検特約書店・大学生協では願書・要項を配布、あわせて検定料の納入を受けつけております。
   ＊願書・要項は仏検事務局へ電話・E-mail等で請求なさるか、APEFホームページよりダウンロードして入手なさってください。

◆合否の判定とその通知
　級によりことなりますが、60〜70％の得点率を目安に出題するように努めています。各級の合格基準は、審査委員会がさまざまな条件を総合的に判断して決定しています。
　結果通知には合否のほか、合格基準点、合格率とご本人の得点が記載されます。

◆お問い合わせ先

公益財団法人　フランス語教育振興協会　仏検事務局

〒102-0073　東京都千代田区九段北1-8-1　九段101ビル
（TEL）03-3230-1603　（FAX）03-3239-3157
（E-mail）dapf@apefdapf.org
（URL）http://apefdapf.org

2012年度仏検受験状況

級（季）	出願者数	1次試験 受験者数	1次試験 合格者数	1次試験 合格率	1次試験免除者数	2次試験 受験者数	2次試験 合格者数	最終合格率
1級	705名	630名	75名	11.9%	12名	85名	68名	10.6%
準1級	1,519名	1,302名	320名	24.6%	39名	339名	294名	21.5%
2級（春）	2,156名	1,878名	672名	35.8%	77名	712名	614名	32.0%
（秋）	2,298名	1,992名	722名	36.2%	64名	751名	653名	32.3%
準2級（春）	2,260名	1,917名	1,158名	60.4%	130名	1,239名	1,060名	53.1%
（秋）	2,459名	2,073名	1,199名	57.8%	113名	1,250名	1,068名	50.3%
3級（春）	3,583名	3,172名	2,175名	68.6%				
（秋）	3,625名	3,214名	2,111名	65.7%				
4級（春）	2,561名	2,296名	1,575名	68.6%				
（秋）	3,443名	3,151名	2,213名	70.2%				
5級（春）	1,625名	1,445名	1,159名	80.2%				
（秋）	2,532名	2,295名	1,751名	76.3%				

＊1級は春季のみ、準1級は秋季のみ

1級の内容と程度

程　度
「読む」「書く」「聞く」「話す」という能力を高度にバランスよく身につけ、フランス語を実地に役立てる職業で即戦力となる。

標準学習時間：600時間以上

試験内容

読　む	現代フランスにおける政治・経済・社会・文化の幅広い領域にわたり、新聞や雑誌の記事など、専門的かつ高度な内容の文章を、限られた時間のなかで正確に読み取ることができる。
書　く	あたえられた日本語をフランス語としてふさわしい文に翻訳できる。その際、時事的な用語や固有名詞についての常識も前提となる。
聞　く	ラジオやテレビのニュースの内容を正確に把握できる。広く社会生活に必要なフランス語を聞き取る高度な能力が要求される。
話　す	現代社会のさまざまな問題について、自分の意見を論理的に述べ、相手と高度な議論が展開できる。
文法知識	文の書きかえ、多義語の問題、前置詞、動詞の選択・活用などについて、きわめて高度な文法知識が要求される。

語彙：制限なし

試験形式

1次試験（150点）

筆　記	問題数9問、配点100点。試験時間120分。記述式、一部マークシート方式。
書き取り	問題数1問、配点20点。試験時間（下記聞き取りと合わせて）約40分。
聞き取り	問題数2問、配点30点。語記入、マークシート方式。

2次試験（50点）

個人面接試験	あたえられたテーマのなかから受験者が選んだものについての発表と質疑応答。 試験時間約9分。

解答用紙（雛型）（40％縮小）

2012年度　春季　実用フランス語技能検定試験（1級）筆記試験　解答用紙

[表面]

2012年度 春季 実用フランス語技能検定試験 (1級) 書き取り／聞き取り 試験 解答用紙

書き取り試験注意事項 （書き取り試験解答欄は裏面にあります。）

フランス語の文章を、次の要領で3回読みます。全文を書き取ってください。

- 1回目は、ふつうの速さで全文を読みます。内容をよく理解するようにしてください。
- 2回目は、ポーズをおきますから、その間に書いてください（句読点も読みます）。
- 最後に、もう1回ふつうの速さで全文を読みます。
- 読み終わってから3分後に、聞き取り試験に移ります。
- 数を書く場合は、算用数字で書いてください。（配点 20）

[裏面]

1級書き取り試験　解答欄

第1部
1級の傾向と対策

［I］１次試験の傾向と対策

　１級は言うまでもなく仏検における最高級ですから、合格するためには「聞く」「話す」「読む」「書く」の４つの言語能力を相当高度なレベルで、かつバランスよく身につけている必要があります。１級は、フランス語を使って仕事ができることを証明する級ですから、問題もそれにふさわしい高度な内容となります。したがって付け焼き刃の受験勉強ではまったく歯が立ちません。要するに、テクニックなどがほとんど役に立たない本当の実力がためされます。標準学習時間は「600時間以上」とされていますが、学習の環境や密度に応じて習得の度合いも変わってきますから、この時間は目安にすぎません。

　身も蓋もない言い方になってしまいますが、１級に「最短距離」で合格する方法をひとつあげよ、と問われれば、フランス語圏でフランス語を主として使いながら生活する環境に我が身を置くことだ、と答えることになります。しかし、だれもがそのような機会に恵まれているわけではありません。そこで、日本で生活していても１級に合格できるような環境を自分で整える必要が生じるでしょう。幸い、「文明の利器」はここ20年ほどで長足の進歩をとげ、それらを活用すれば、Radio France Internationale (RFI) や TV 5 に容易に接することができます。また、インターネットを利用してフランスの新聞や雑誌の記事を簡単に読めますし、必要なソフトさえ揃えば（ほとんどがダウンロードできます）、France 2 などのテレビニュースを何度も視聴することだって可能です。

　こうして日ごろからフランス語をシャワーのように「浴びる」ことはひじょうに重要です。しかし、語学の上達には「質と量」の双方からアプローチする必要があることも忘れてはなりません。「質」を重視した勉強としては、たとえば Le Monde などの高級紙に掲載された論説文をじっくり精読する練習があげられます。一字一句もゆるがせにせずに、高度かつ論理的な内容の文を、じっくりと味わうことは、フランス語特有の思考法に慣れるうえできわめて重要だと言えましょう。その際大切なのは、「少数精鋭主義」を守ることです。精読する場合、数は少なくてもかまわないので、そのページを暗唱できるくらいに何度も読み込むことがポイントとなります。そのフランス

[I] 1次試験の傾向と対策

語を自分の手で書き写したり、100回ほど音読してみたり、あるいは翻訳してみたりしてください。

　インプット、アウトプットのいずれの面でも1級受験の準備が整った際には、この公式問題集が威力を発揮します。さきほどは「テクニックなど役立たない」と書きましたが、これは1級に見合った実力をつけるほうが先決だという意味です。それなりの実力を身につけたのらは、やはり「敵」を知る必要があるでしょう。出題の形式と内容の傾向に精通すると同時に、解き方のコツをつかむことも重要です。とくに①の名詞化の問題には一定のパターンがありますから、練習問題を多く解いて書きかえる際のテクニックを磨いてください。②③④については、過去問を多く解き、出題の傾向を知ったうえで、逆にふだんの勉強に反映させることができるでしょう（前置詞の使い方や同義語のポイント、出題されやすい時事用語、などを念頭に置いて文章を読んでいく癖を身につけましょう）。長文問題や聞き取り問題については、それぞれの問題の概要をよく読んでください。

　筆記試験の120分の時間配分については、受験者がそれぞれの得手不得手にかんがみて工夫すればよいと思われますが、ここでは1つのモデルを示しておきます。まず②③④の問題のうちすぐに解答できるものを片づけます。これで最大10分。解答できないものはそのままにして、①にとりかかります。名詞化とそれにともなう文の変化（動詞の使い方など）が比較的早くわかるものを解答し、苦戦しそうな設問は後まわしにします。これも10分。残りの100分ですが、配点が多くかなり手ごわい⑧⑨の2問にそれぞれ25分、⑤⑥⑦の3問題にそれぞれ10分を割り振ります。これで合計80分。全体を見直す時間が20分残りますので、まずは①②③④でやり残した問題に取り組みます。その後、長文問題と作文問題を、他人の答案を見るような、自分が採点者になったような、突き放した客観的な目で点検するとよいでしょう（とくに動詞の法や時制、あるいは名詞、形容詞、過去分詞の性数の一致に注意したいところです）。

　以下、1次試験の各問題について、その傾向と対策を解説します（問題のあとの（　）内の数字は出題年度を示します）。

筆 記 試 験

1 動詞、形容詞ないしは副詞を適切な名詞に改め、全文を書きかえる名詞化 nominalisation の問題です。動詞、形容詞、副詞と、名詞との間の対応に関する知識が大前提となりますが、選択した名詞に応じた動詞などを選び適切な構文を新たに作れるか否かにもポイントが置かれています。つまり、フランス語の特徴のひとつとされる名詞構文を作る過程を通して、総合的な語学力がためされる問題となっているわけです。この点で、動詞に対応する名詞のみを問われる準1級の場合にくらべ、さらに高次のフランス語力が必要となります。したがって、日ごろから使用頻度の高い語彙の派生関係に留意すると同時に、ひんぱんに使用される動詞、形容詞、副詞については、対応する名詞とその語義を確認する癖をつけてほしいものです。そのためには、ふだんから紙の辞書を使って周囲の単語にも目を配る癖をつけるとよいでしょう（電子辞書では、周囲の語彙が目に入りにくいので）。具体例をいくつかあげておきます。

・terminer「終える、完了する」をひいたら、その周囲の terminal「ターミナル駅、端末」、terminal(e)「末端の、最終の」、terminaison「語尾」などの語にも目を配っておきましょう。ついでに、これらの単語がすべて、terme「期限、最終、境界」に由来している点にも注意したいところです。さらに欲を言えば、terme に「単語、ことば」という意味があることにも思いいたるとよいですね。なお、déterminer は、「境界を定める」という原義から「決定する」という意味をえていること、terminologie は、「限定されたことば」という原義から、「専門用語」という意味を獲得している点なども付け加えておきます。こう考えてくると、単語の派生関係は、クモの巣のように緻密に張り巡らされていることがわかると思います。

・envahir「侵略する」をひくと、その下に envahissant(e)「（火事などが）広がる」、envahissement「侵略、（ある場所への）侵入」、envahisseur「侵略者」といった単語が並んでいます。ただし、動詞 envahir と派生関係にあるもうひとつの名詞 invasion は当然ながら周囲には見あたりません。こうしたケースにも対処するためには、派生語や同義語を多く掲載している仏仏辞典（たとえば *Le Petit Robert*）に親しむことが必要になります。類

義語専門の辞書を1冊入手し駆使するのも一法です。
・なお、動詞によっては、対応する名詞が複数ある場合も存在します。1級の受験者ならば、こうした例にはとくに注意をはらいましょう。ここでは、以下のような代表例をあげておきます。

arrêter / arrêt, arrestation　　　brûler / brûlage, brûlure
changer / change, changement　　déchirer / déchirure, déchirement
édifier / édifice, édification　　　essayer / essai, essayage
exposer / exposé, exposition　　figurer / figure, figuration
harmoniser / harmonie, harmonisation
nettoyer / nettoiement, nettoyage　payer / paie (paye), paiement (payement)
perdre / perte, perdition　　　　varier / variété, variation　　etc.

ひじょうにおおざっぱな言い方になりますが、語尾が -tion、-ment となっている名詞は、おもに動詞の「動作」を示し、それ以外の語尾の名詞は原則として動詞の「動作の結果や状態」を示している、と覚えておけばよいと思われます。

形容詞や副詞の名詞化については、以下の練習問題の「解説」でポイントをおさえておきましょう。元の文には存在しない単語（たとえば動詞）を、いかに幅ひろく援用できるかが、書きかえの良し悪しを左右します。個々の練習問題を通して、こうした名詞構文の作り方のコツをつかんでください。

[練習問題]

例にならい、次の(1)〜(12)のイタリック体の部分を名詞を使った表現に変え、全文をほぼ同じ内容の文に書き改めて、解答欄に書いてください。

（例）：Ils *ont* catégoriquement *refusé* ma proposition.
　→（解答）Ils ont opposé un refus catégorique à ma proposition.

(1) La vérification du dossier doit être *minutieuse*. (08)
(2) Je regrette qu'il ait réagit *mollement* à ma proposition. (09)
(3) Notre société sera obligée de *licencier* une dizaine de

personnes. (09)

(4) Ce tableau *a été retouché* par divers peintres. (11)
(5) Selon eux, il est absolument *opportun* d'intervenir. (09)
(6) Pourquoi a-t-on *renvoyé* Jacques ? (11)
(7) J'accepte de parler, mais *anonymement*. (08)
(8) Il s'exprime en termes peu *décents*. (07)
(9) Sa découverte est incontestablement *antérieure* à la vôtre.

(07)
(10) On craint que le régime ne *se radicalise* d'un seul coup. (08)
(11) Il est trop *avare,* ça m'énerve. (10)
(12) Vous arrivez *ponctuellement* au bureau et la directrice en est contente. (10)

解説 (1) La vérification du dossier doit être *minutieuse.* 「その資料（問題）の調査は綿密でなければならない」という文です。形容詞 minutieux(euse) と派生関係にある名詞 minutie を思いつく必要があります。そのあとは、「綿密さを必要とする」と考えて demande de la minutie といった構文に変形すればいいでしょう。demande 以外にも exige や requiert (requérir) が使用可能です。また、de la minutie 以外にも、une grande minutie、la plus grande minutie と表現することもできます。

(2) Je regrette qu'il ait réagit *mollement* à ma proposition.「私の提案に対し、彼がてきぱきと反応してくれなかったことを残念に思う」と意訳できます。mollement から名詞の mollesse に到達できるか否かが第一関門です。その後いかに名詞構文を作るかがキーポイントになります。解答例のように la mollesse de sa réaction à ma proposition を主部にすれば、decevoir など regretter を言いかえる動詞を思いつく必要が生じます。あるいは、avec mollesse を用いて、Je regrette qu'il ait réagi avec mollesse à ma proposition. という、問題文と同じ構文を使うことも可能です。なお、-ment で終わる副詞から、形容詞、さらには名詞にまでさかのぼる練習を常日ごろ心がけたいところです（例：lentement → lent(e) → lenteur；poliment → poli(e) → politesse；certainement → certain(e) → certitude；énormément → énorme

→ énormité ; aveuglément → aveugle → aveuglement）。

　(3) Notre société sera obligée de *licencier* une dizaine de personnes. 「私たちの会社は 10 人ほどの従業員を解雇せざるをえなくなるだろう」という文です。動詞 licencier「解雇する」に対応する名詞は licenciement です。これを licence としてしまうと、「学士号、許可、ライセンス」ないしは「勝手気まま、放埓」を意味する別の単語になってしまいますので、明確に区別してください。さて、licenciement「解雇」を「おこなう」という意味になる表現ですが、procéder au licenciement、recourir au licenciement、effectuer le licenciement、se résoudre au licenciement などが考えられます。なお、*faire le licenciement*、*exécuter le licenciement* のような言い方はありませんので、注意してください。

　(4) Ce tableau *a été retouché* par divers peintres. 「さまざまな画家によりこの絵に修正がほどこされた」という意味の文です。retoucher と派生関係にある名詞が retouche であるのは簡単にわかります。問題となるのは構文です。主語の候補でもっとも適切なのは Divers peintres でしょう。divers は不定形容詞なので冠詞は不要です（冠詞を付加するとまちがいです。<u>un aucun livre / le quelque livre</u> という表現がありえないことを想起すれば理解しやすいでしょう)。さて、Divers peintres が主語なら、動詞の第 1 候補は apporter (effectuer、faire も可能)、Divers peintres ont apporté des retouches à ce tableau. がすっきりします。さまざまな修正を総体として把握して、単数の une retouche としてもかまいません。主語を Ce tableau のまま使う場合は、Ce tableau a fait l'objet de retouches de divers peintres. / Ce tableau a subi des retouches par / de divers peintres. / Ce tableau a subi les retouches de divers peintres. などが考えられます。Des retouches ont été apportées / faites à ce tableau par divers peintres. という受動態の構文も可能です。ただし、この場合前置詞は à が正しいので、*sur* は減点の対象となります。

　(5) Selon eux, il est absolument *opportun* d'intervenir. 「彼らによれば、今こそ絶対に介入すべきだ」と意訳できます。形容詞 opportun「時宜をえた、当をえた、都合のよい」の名詞形は opportunité となります。*opportunisme* は「ご都合主義、日和見主義」の意味ですから注意が必要です。さて、名詞化ができれば、書きかえは比較的簡単です。問題文にならって、selon eux をそのまま用い、Selon eux, l'opportunité d'intervenir est absolue. あるいは、Selon eux, l'opportunité d'une intervention est absolue. とすれば完成です。

さらに構文のレベルをあげて、Selon eux, il est d'une opportunité absolue d'intervenir. と書きかえることも可能ですし、主語を ils にして、Ils croient absolument à l'opportunité d'une intervention. / Ils ne doutent pas de l'opportunité d'intervenir. / Ils sont convaincus de l'opportunité d'intervenir. などとすることも可能です。

(6) Pourquoi *a-t-on renvoyé* Jacques ?「Jacques はどうして解雇されたのですか」という意味です。「送り返す」が原義の renvoyer に「解雇する」という意味があるのを知っている必要があります。おもに不正をはたらいたとか能力に欠ける場合の解雇を指します。経済的理由の場合は licencier を使うのが一般的です。さて、名詞形は renvoi です。まず疑問副詞 Pourquoi の処理の仕方ですが、理由を訊いているので、raison を使うのがもっとも素直でしょう。すると、Quelles sont les raisons du renvoi de Jacques ? という文が浮かびます。時制を直説法複合過去や半過去にしたり、les raisons を単数の la raison に変更しても、ニュアンスはことなりますが正解です。たとえば以下のような例が考えられます。Quelle est la raison / Qeulle a été la raison / Quelle était la raison / Quelles étaient les raisons / Quelles ont été les raisons du renvoi de Jacques ? 元の構文を崩さない方法もあります。たとえば、Pourquoi a-t-on décidé / effectué le renvoi de Jacques ? / Pourquoi a-t-on procédé au renvoi de Jacques ? などが可能です。なお *amener*、*annoncer*、*faire*、*réaliser* などの動詞は、名詞 renvoi と結びつきません。ところで、なぜ現在形が正解となるのか、という点ですが、もともとの文の複合過去が、英文法でいう現在完了で、「現在にも波及する事項」だからです。解雇の理由は、解雇時点でも、その後でも変更されないから、と平たく換言してもいいでしょう。

(7) J'accepte de parler, mais *anonymement*.「話してもかまいませんが、匿名でお願いします」と意訳できます。anonymement から形容詞 anonyme には簡単にたどりつきます。名詞が anonymat であることを知っているか否かがポイントになります。次に、「匿名で」を sous le couvert de l'anonymat (または sous l'anonymat) と言いかえる必要があります。ほかにも、à condition de garder l'anonymat や (en) gardant l'anonymat といった表現が可能です。実際の試験の答案で多く見られた *en anonymat* という言い回しはありませんので注意してください。なお、解答例以外にも、Je n'accepte de parler que sous l'anonymat. などは正解と見なせます。

(8)「彼は上品とは言いがたい表現を使う」という意味になります。形容詞から名詞の décence「品のよさ」を引き出すのは比較的容易です。問題は、九分否定の peu の処理の仕方でしょう。「上品さや品位を欠く」と考えて、Il manque de décence dans sa manière de s'exprimer.「彼は、その言葉づかいにおいて品位を欠いている」とするのが妥当でしょう。Ses expressions manquent de décence.「彼の表現は品位を欠いている」と主語を変えることも可能です。

(9)「彼(彼女)の発見はあなたのそれ(発見)よりまちがいなく先だった」という意味になります。antérieure を名詞化した antériorité を正しくつづったうえで、構文に工夫をくわえる必要があります。L'antériorité de sa découverte est incontestable までは比較的やさしいでしょう。ポイントは、そのあとに par rapport à ~「~とくらべて」といった熟語表現を思いつけるかどうかにかかっています。

(10)「政治体制が一挙に急進化(過激化)することを人々は恐れている」という意味です。se radicaliser から radicalisation という名詞をみちびきだすのは容易でしょう。問題は、d'un seul coup「一度で、一挙に、突然」をどう処理するかです。一番よいのは、「突然の急進化(過激化)」すなわち une radicalisation soudaine を用いることでしょう。soudaine 以外にも、brutale、subite、brusque、violente などは使用可能です。一方、*rapide*、*prompte*、*immédiate* などの形容詞の場合は、「速さ」や「直接性」の概念のみで、「突然性」の概念が抜け落ちてしまいますから、ここでは使えません。

(11)「彼はあまりにケチなので、私はいらいらしてしまう」という意味の文です。avare から名詞の avarice を思いつくのは意外と手間どるかもしれません(ちなみに、17世紀のフランスの劇作家モリエールの代表作のひとつに *L'Avarice*(『守銭奴』)があります)。さて、ここでの書きかえの可能性は複数考えられますが、まずは avarice を主語にした文を工夫してみましょう。動詞は énerver がそのまま使えそうです。次に「あまりにケチ」の「あまりに」のニュアンスを表現する形容詞ですが、excessive、exagérée、démesurée などが適切でしょう。以上から、Son avarice excessive m'énerve. といった文ができあがります。以上の形容詞が思いつかない場合は、Sa trop grande avarice m'énerve. とすることも可能です。また、主語を il にして、Il m'énerve avec son avarice exagérée. あるいは Il m'énerve avec son trop d'avarice. と書きかえることも可能です。

⑿「あなたが時間どおりに出勤してくるので、部長は満足している」と意訳できます。副詞 ponctuellement の名詞は ponctualité です。主語は la directrice を使ったほうが、容易に文を組み立てられるでしょう。たとえば、La directrice est contente que vous arriviez au bureau avec ponctualité. という文が考えられます。この場合、主文の La directrice est contente (que) ... は、気持ちや感情を示すものですので、従属節は que vous arriviez のように接続法にせねばなりません。それをあえて避けるには、La directrice est contente de la ponctualité de votre arrivée au bureau. あるいは La directrice est contente de la ponctualité avec laquelle vous arrivez au bureau. なども考えられます。

解答例
(1) La vérification du dossier demande de la minutie.
(2) La mollesse de sa réaction à ma proposition me déçoit.
(3) Notre société sera obligée de procéder au licenciement d'une dizaine de personnes.
(4) Divers peintres ont apporté des retouches à ce tableau.
(5) Ils croient absolument à l'opportunité d'une intervention.
(6) Quelles sont les raisons du renvoi de Jacques ?
(7) J'accepte de parler, mais sous le couvert de l'anonymat.
(8) Il manque de décence dans sa manière de s'exprimer.
(9) L'antériorité de sa découverte est incontestable par rapport à la vôtre.
(10) On craint une radicalisation soudaine du régime.
(11) Son avarice excessive m'énerve.
(12) La directrice est contente que vous arriviez au bureau avec ponctualité.

2

多義語（mot polysémique）の問題です。この問題に強くなるためには、日ごろから、文意がなんとなく通りにくいと思ったときに、見すごさず正確な意味を確認することです。たとえば «Défense de doubler» という表現が目にとまったものの意味がはっきりしないとします。doubler は double の類推から「2倍にする、二重にする」という意味はわかるのですが、「二重（2倍）にするのを禁止する」というのは意味不明です（ありえないわけではありませんが！）。そこで辞書をひもとくと、dépasser en contournant「迂回して追い抜く」（*Le Petit Robert*）という意味があることが判明します。したがって «Défense de doubler» は「追い越し禁止」だと了解できるわけです。この際に、従来の「2倍にする、二重にする」などの意味と例文も確認する癖を身につけることが重要です。同時に、辞書はひくだけではなく、読んで楽しむものでもある、という信念をもつことも重要だと思われます。この信念を実践するうえでは、仏和、仏仏のいずれの場合も、電子辞書よりは紙の辞書を使うほうがよいはずです（ページのあちこちを「散歩」することができるからです。時間があれば、「遠足」も可能です！）。ところで、ここで問われるのはあくまで同一語の意味の広がりであって、同じつづりの別の語ではない点に注意してください。たとえば、「9（の）」と「新しい（男性形）」を意味する neuf や、「桃」と「釣り」を意味する pêche、「グラス、優勝杯」と「切断、散髪、カット」を意味する coupe などは、同つづりでありながら、まったく別の語源に由来する別の単語ですので、この問題では問われません。なお、問題そのものを解くコツとしては、たいていの場合 **A**、**B** のいずれかが相対的にやさしいことが多いので、そちらを手がかりにすること、次に **A**、**B** のおおまかな文意を推測すること、などがあげられるでしょう。

練習問題

次の(1)～(10)について、**A**、**B** の（　　）内には同じつづりの語が入ります。（　　）内に入れるのにもっとも適切な語（各1語）を、解答欄に書いてください。

(1) **A** À la mi-temps, la (　　　) est de deux buts à zéro.

B Quoique inachevé, le morceau porte la (　　) de ce compositeur.

(09)

(2) **A** On vient de les (　　) d'espionnage.

B Son visage devrait (　　) la fatigue de ces derniers mois, mais il n'en est rien.

(08)

(3) **A** C'est notre professeur qui a (　　) ce différend.

B Les Français ont (　　) la tête à Louis XVI.

(11)

(4) **A** Doit-on (　　) les élèves quand ils disent des gros mots ?

B Elle a oublié de (　　) ses affaires en partant.

(09)

(5) **A** Ici, la terre est (　　), elle ne donne que de maigres récoltes.

B Sylvie a oublié que ses amies l'ont aidée. Elle est vraiment (　　).

(10)

(6) **A** Elles sont toutes les deux de la même (　　) sociale.

B Il faut changer la (　　) du bébé.

(10)

(7) **A** En histoire ancienne, personne ne peut (　　) cette élève.

B Est-ce vous qui lui avez demandé de (　　) vos affiches sur les murs de l'école ?

(07)

(8) **A** Tu es abonné à cette revue ? — Non, je l'achète au (　　).

B Voilà son (　　) préféré. Il l'exécute toujours à la fin du spectacle.

(08)

(9) **A** Elle s'est mise à la (　　) de la manifestation.

B La (　　) de cette poêle est détachable.

(07)

(10) **A** Un peu de piment (　　) les plats.

B Victor (　　) toujours les fautes que je fais.

(07)

解説 (1) **A** À la mi-temps, la (　　) est de deux buts à zéro.「ハーフタイムの時点で、(　　) は2対0である」という意味で、スポーツにおける得点が問題となっていることは容易に察しがつきます。そこで「スコア」を意味する marque を候補として他方の文に「代入」してみると、**B** Quoique inachevé, le morceau porte la (marque) de ce compositeur.「未完成ながらも、その作品にはこの作曲家の特徴が明確に刻印されている」という意味になり、めでたく文意が通じます。marque には、「あるものを特徴づける側面、あるものの名残りや影響」といった意味があることに注意しましょう。なお、marque は元来「印」という意味であり、その「印」がめだつと、grande marque「有名（高級）ブランド」や produits de marque「ブランド品」となることも復習しておきたいところです。

(2) **A** On vient de les (　　) d'espionnage.「彼らは今しがたスパイ容疑で (　　) された」というおおまかな文意から、「責める、非難する」を意味し、さらには「告発する、起訴する」という法律用語としても使える accuser を思いつくのは容易でしょう。これを **B** に入れてみます。Son visage devrait (accuser) la fatigue de ces derniers mois, mais il n'en est rien.「彼の表情には、ここ数ヵ月の疲労の色が見えてもおかしくないのに、そんなようすはまったくない」という意味になり、みごと文意が通ります。この accuser は、「（ようすや心情などを）ありありとうかがわせる、浮き彫りに

23

する」の意味で使われています。この意味の延長線上で、「際立たせる」という意味でも使えます。たとえば、une robe qui accuse les lignes du corps「身体の線を際立たせてみせるドレス」のような表現も可能です。

(3) **B** Les Français ont (　　　) la tête à Louis XVI.「フランス人たちはルイ16世の首を切った」と簡単に類推できます。そこでまず思いつくのが、couper (coupé) です。ところが、これは **A** C'est notre professeur qui a (　　　) ce différend. に挿入しても意味をなしません。ちなみに、différend が「意見対立、もめごと、衝突」を意味するのを知っている必要があります。この両者に入るのは、trancher (tranché) しかありえません。第一義は「(ものや身体の部分を) 断ち切る」ですから **B** にはぴったりです。第二義として、「(困難などを一刀両断に) 解決する」の意味が派生するので、**A**「このもめごとを (スパッと) 解決したのはわれわれの先生だ」となり一件落着です。ちなみに、différend も、形容詞の différent(e, s) も、ラテン語の differre「ことなる、分離させる」に由来します。「意見がことなると、もめごとが起きて分裂する」というわけです。語源探索は、語彙力強化にもってこいの「おとなの (高級な) 遊び」である点も、ぜひ強調しておきたいと思います。もちろん、未成年にとっても、この探索は知的な遊技です。

(4) **B** Elle a oublié de (　　　) ses affaires en partant.「彼女は出かける際に、(いったん出した) 自分の身のまわりの品を (　　　) のを忘れてしまった」となり、「ふたたび持っていく」、「持ち帰る」などを意味しうる reprendre が候補として浮かびます。この reprendre という動詞に、「叱る、非難する、とがめる」の意味があることを知っていれば、**A** Doit-on (reprendre) les élèves quand ils disent des gros mots ?「生徒たちが下品な言葉を使った場合、彼らを叱るべきだろうか」とぴったり収まり解決します。reprendre のこの意味での類義語として、critiquer、blâmer、réprimender、corriger などがあげられます。なお、こうした意味で使われる reprendre は予想以上にひんぱんに使われますので、辞書でよく確認しておいてください。

(5) **B**「Sylvie は友人たちが彼女を助けたのを忘れている。彼女は本当に (　　　) だ」という文意から、「恩知らずな、忘恩の」という形容詞の女性形だと見当がつきます。そこで ingrate が念頭に浮かびます。問題は **A** で、「ここでは土地は (　　　) ので、たいした収穫は期待できない」ほどの意味になります。つまり、(　　　) 内には「不毛な、やせ細っている」を意味する語が入るはずです。Le Petit Robert をひくと、2つ目の意味に Qui

ne dédommage guère de la peine qu'il donne, des efforts qu'il coûte「苦労や努力にほとんど報いない」という語義がみつかり、その類義語として、infructueux「実を結ばない、収穫の少ない」、stérile「不妊の、不毛の」などが見いだせます。つまり「ここでは土地は（不毛）なので」とうまくつじつまが合うことがわかります。したがって ingrate が正解となります。かなりの難問です。ただ、この語の構成要素 -grat(ul)- が、ラテン語の gratus「感謝する、感謝に値する」にさかのぼることをおさえておけば、ingrat(e) (ingratus) が、「人ないしものに感謝できない状態」という同一の発想にくくられることがわかるでしょう。

(6) **A**「彼女たちはふたりとも同じ社会（　　）の出身だ」というおおよその意味がわかるので、「階層、階級」を意味する語が入ると見当をつけ、もともと「層」を意味する couche が候補となるでしょう。この語に「おむつ」の意味もあることを知っていれば、**B**「赤ちゃんのおむつを替えなければならない」という意味になり、ぴったりあてはまります。「おむつ」が無数の生地の「層」から成っている、と考えれば、両者は発想源でつながっていると言えなくもないでしょう。理屈はともかく、この「おむつ」の意味の couche を覚えてしまいましょう。

(7) **B** を見ると、「学校の壁にあなたのポスターを（　　）するよう彼（彼女）に頼んだのはあなたですか」となるので、「貼る」を意味する動詞 coller が候補となります。ところで、coller には「～について答えに窮させる、～に難問をぶつける」という意味があり、これが否定形で使われると、ある分野では当該の人物にかなわない、という意味になります。したがって **A** にも coller が入り、「古代史の分野では、この生徒にかなう者はだれもいない」という意味に落ちつきます。

(8) **A** Tu es abonné à cette revue ? — Non, je l'achète au (　　).「この雑誌、予約購読しているの？」—「いいや、（　　）買っているよ」というやりとりから、「予約購読ではなく 1 号ずつ買っている」という意味が浮かんできます。そこで「（雑誌などの）号、ナンバー」を意味する numéro が候補となります。これを **B** に代入してみると、Voilà son (numéro) préféré. Il l'exécute toujours à la fin du spectacle.「ほら、彼のおはこだ。ショーの最後にいつもこれをやるんだ」となり、めでたく文意が通じます。ここでの numéro は、「（サーカス、ショーなどの）出し物、得意芸、十八番（＝歌舞伎からきた用語です）」を意味します。

(9) 難問ですが、あえて挑戦してみましょう。**A** の「彼女はデモの（　　）に位置どった」という文意を念頭に置きつつ、**B** の文を吟味します。「このフライパンの（　　）は取りはずし可能である」という文意から、「取っ手、柄」がすぐに思い浮かびます。この両方の条件をみたす語は queue しかありません。「尻尾」、「尻尾のような長い付属物」から、queue は「鍋やフライパンの取っ手、工具などの柄」の意味で使われることもあります。また、「(行列、順位、列車などの) 最後部、うしろ」の意味もあり、Mettez-vous à la queue !「列のうしろに並びなさい」などと言えます。さらに queue は行列や順番待ちを意味することもできます。On a fait deux heures de queue.「私たちは 2 時間並んで待った」などのように使えます。

(10) これも難問ですが、重要な基本単語が問われていますので挑戦してみましょう。**A** の文は、「少しトウガラシを入れると料理が（　　）」、**B** の文は、「Victor は私がおかすまちがいを、いつも（　　）してくれる」という意味です。**A** には「引き立つ」、**B** には「指摘（する）」を入れるのがもっとも適切でしょう。両方の条件をみたす動詞は relever で、その直説法現在の 3 人称単数の活用形である relève が正解となります。relever という動詞は、接頭辞 re- (ré-) + lever と分解できますが、接頭辞の re- (ré-) には、主として「反復、繰り返し」を付加する場合と、「強意、完遂」を付加する場合があります。前者では、「ふたたび立てる、起こす、再建する」などの意味となり、後者では、「さらに高める、引き立てる」などの意味となります。ここでは、**A**、**B** の両方とも後者の意味から派生しており、「(味などを) 引き立たせる」、「(まちがいなどを) 指摘する、みつける (＝まちがいを高いところで際立たせる)」という意味で用いられています。relever の用法は思った以上にむずかしいので、ぜひ辞書を参考にして整理しておきましょう。

解　答　(1) marque　(2) accuser　(3) tranché　(4) reprendre
　　　　　(5) ingrate　(6) couche　(7) coller　(8) numéro
　　　　　(9) queue　(10) relève

3 　前置詞の問題

　前置詞の問題は、よく「重箱の隅を楊枝でほじくる問題」と非難されますが、まったくの的はずれと言わねばなりません。なぜなら、前置詞の問題は、語彙と成句と語法のいずれにも習熟していなければ解けないからです。言いかえれば、名詞、形容詞、動詞、副詞の補語として適切な前置詞が選べるか否か、また、前置詞の使い方の根本をおさえているか否かをためすことによって、じつは受験者のフランス語の総合力とセンスがわかるものなのです。そこで、文章を読んでいて、意味や用法があいまいな前置詞に関しては、*Le Petit Robert* などの信頼できる辞書を何度も読み返し、できれば自分で用法を分類したノートを作成することをおすすめします。

　前置詞問題を苦手とする受験者が多いのは事実です。日本語に存在しない品詞だけに、これは当然の結果かもしれません。しかし、前置詞なしではフランス語は成立しません。この点は、たとえば *Le Monde* の 1 ページを開いて、そこに登場する前置詞の数を数えてみるだけでも、即座にわかることです。あるいは発想を逆転して、日本語を勉強しているフランス人のことを考えてみれば、前置詞の重要性が理解できるかもしれません。というのも、フランス語には存在しない品詞である、いわゆる「てにをは」（助詞）をどれだけ自在に操れるかで、われわれは相手の日本語力をおおよそ把握できるからです（まだ日本語が発展途上の外国人を真似する際に、よく「ワタシ、ソレ、シラナイアルネ」などとふざける場合がありますが、要するに「てにをは」を省略すれば「（まだ）へたな日本語」を簡単に「コピー」できるわけです）。つまり、前置詞を自在に操れるようになればなるほど、その人のフランス語には磨きがかかるのは理の当然なのです。したがって、前置詞の用法をノートにまとめる（質を重視した学習）一方で、フランス語の文に数多く接し、前置詞に対するセンスを磨くこと（量を重視した学習）も重要になります。

練習問題 1

　次の (1)〜(4) の (　　) 内に入れるのにもっとも適切なものを、下の ①〜⑧ のなかからひとつずつ選び、解答欄のその番号にマークしてください。ただし、同じものを複数回用いることはできません。

(1) Bientôt, je serai fixé (　　) ses intentions.
(2) Il faut envisager ce problème (　　) toute sa complexité.
(3) Ma mère m'a laissé un cahier qu'elle avait noirci (　　) notes.
(4) Tu ne veux jamais rien changer (　　) ta position !

① à　　② dans　　③ de　　④ en
⑤ par　　⑥ pour　　⑦ sous　　⑧ sur

(07)

解　説　(1) fixer *qn* sur ～ は、「（人を）～に固定する」という原義から、「（人に）～をはっきり知らせる」という意味になります。これが受動態の être fixé sur ～ となると、「～（について）はっきり知らされた、よくわかった」という意味になります。したがって、Bientôt, je serai fixé (sur) ses intentions. 「まもなく彼（彼女）の意図がはっきりわかることになるだろう」という文ができあがります。

(2) 前置詞が入らない段階で、すでに「この問題は、そのあらゆる複雑さを考慮に入れて検討せねばならない」程度の意味になると推測できます。ここでは成句的な知識は役立ちません。むしろ、「限定、領域」を表わす dans の用法を知っているか否かがポイントになります。たとえば、Elle est simple dans ses attitudes. 「彼女はその態度において素朴である」、つまり「彼女は態度に気どりがない」のように使えます。ここでも、(dans) toute sa complexité「その（問題の）あらゆる複雑さの領域内で（考察すべきだ）」という使い方になっています。

(3) Ma mère m'a laissé un cahier qu'elle avait noirci (de) notes. 「母は書き込みで真っ黒にしたノートを私に残してくれた」となります。これは、「原因、材料」を示す de で、基本的な用法と言えますが、成句的表現ではないため、前置詞 de の機能的用法に習熟していなければ正解には達しません。

(4) ne rien changer à ～「～をまったく変えない」という成句的表現です。したがって、Tu ne veux jamais rien changer (à) ta position !「君は自分の立場（意見）をまったく変えようとしない」という意味になります。ただ

し、この成句的表現を知らなくても、前置詞 à が「～に、～に対して」という「動作の対象への方向性」を示すことがわかっていれば、十分に解けるはずです。つまり、「自分の立場（意見）に対して、なにひとつ変えようとしない」と理解できるのです。たとえば、Cela ne change rien à l'affaire.「そんなことで事情はなにひとつ変わらない」といった表現における à も、まったく同じ用法だとわかるでしょう。

[解 答] (1) ⑧　(2) ②　(3) ③　(4) ①

[練習問題 2]

次の(1)～(4)の（　）内に入れるのにもっとも適切なものを、下の①～⑧のなかから1つずつ選び、解答欄のその番号にマークしてください。ただし、同じものを複数回用いることはできません。なお、①～⑧では、文頭にくるものも小文字にしてあります。

(1) C'est (　　) six à trois que l'équipe japonaise a gagné le match.
(2) Les querelles ont empêché les dirigeants d'y voir claire (　　) temps voulu.
(3) On ne peut plus déposer de réclamation (　　) le délai.
(4) (　　) qui la faute si cette affaire finit par une mésaventure ?

① à　　② avec　　③ contre　　④ durant
⑤ en　　⑥ par　　⑦ passé　　⑧ sous

(08)

[解 説] (1) par が入ります。「6対3というスコアで、日本チームはその試合に勝った」。ここでの par は、スポーツの試合のスコアを引用する際に使われるものです。La France a battu la Chine par 3 à 1.「フランスは中国

に3対1で勝った」などと使えます。

(2) (en) temps voulu となります。「争っていたために、指導者たちはその点を見抜く機を失った」という意味です。voir clair dans (en) ~ (= y voir clair) は「～を見きわめる、見抜く」、en temps voulu (au moment voulu) は「ちょうどよいときに」の意味から、以上のような文になります。

(3) On ne peut plus déposer de réclamation (passé) le délai. 「期限が過ぎているので苦情を申し立てることはできない」となります。前置詞としての passé は、「～を過ぎると」の意味で使われます。こうしたあまりなじみのない前置詞にも注意しましょう。

(4) (À) qui la faute si cette affaire finit par une mésaventure ? 「この一件がひどい結果に終わったとしたら、いったいだれのせいだ？」となります。「過失はだれのものか？」という、いわゆる所属を示す à であり、比較的わかりやすい設問だと思われます。

解答 (1) ⑥   (2) ⑤   (3) ⑦   (4) ①

練習問題3

次の (1)～(4) の（　）内に入れるのにもっとも適切なものを、下の①～⑧のなかから1つずつ選び、解答欄のその番号にマークしてください。ただし、同じものを複数回用いることはできません。

(1) C'est un lieu magnifique (　　) qui aime réfléchir tout seul.
(2) Mettons les deux textes (　　) regard.
(3) Nous sommes tous tenus (　　) la discrétion.
(4) Qu'importe cette difficulté (　　) tant d'avantages !

① à　　　② chez　　　③ de　　　④ devant
⑤ en　　　⑥ pour　　　⑦ sous　　　⑧ sur

(09)

解説 (1) C'est un lieu magnifique (pour) qui aime réfléchir tout seul.「たったひとりで考えごとをするのが好きな人にとって、そこはすばらしい場所だ」という意味になります。関係代名詞の qui が、先行詞をともなわずに「～する人、～するもの（こと）」の意味となりうることを知っている必要があります。たとえば、Nous sommes attirés par qui nous flatte.「われわれは、お世辞を言ってくれる人に惹かれる」などとも使えます。この場合 par qui は、par celui qui と書きかえられます。この設問の文も、pour celui qui と言いかえることが可能です。

(2) Mettons les deux textes (en) regard.「2つのテキストを対比してみよう」という意味になります。regard には古くから「方向、向き」という語義があり、en regard で「向かい合わせの、対比させた」という意味になります。設問文で使われている mettre ～ en regard「～を対比する」という表現も覚えておきましょう。ついでに言えば、un texte grec avec traduction en regard「対訳付きのギリシア語テキスト」といった使い方もできます。

(3) Nous sommes tous tenus (à) la discrétion.「私たちはみな、秘密を守る義務がある」という意味になります。être tenu à ～「～を義務づけられる、～の義務がある」という成句的表現を覚えてください。なお、tenir à ～「～に執着する、ぜひ～したい」という表現と明確に区別して使う必要があります。

(4) Qu'importe cette difficulté (　　) tant d'avantages !「これほど多くの利点にくらべたら、そんな困難などたいしたことないではないか」という意味になります。ここでの devant は、比較の対象や判断の根拠を示しており、「～とくらべて」の意味で使われています。

解答 (1) ⑥　(2) ⑤　(3) ①　(4) ④

練習問題 4

次の(1)～(4)の(　　)内に入れるのにもっとも適切なものを、下の①～⑧のなかから1つずつ選び、解答欄のその番号にマークしてください。ただし、同じものを複数回用いることはできません。なお、①～⑧では、文頭にくるものも小文字にしてあります。

(1) Jeanne, tu peux couper ce gâteau (　　) moitié, s'il te plaît !
(2) Le président vous accueillera (　　) bras ouvert.
(3) Mon fils est porté (　　) la boisson et je suis inquiète.
(4) (　　) les circonstances, ils ne devraient pas vendre leurs actions.

① à　　　　② après　　　③ de　　　　④ par
⑤ pour　　　⑥ sous　　　⑦ sur　　　⑧ vu

(10)

解説　(1) Jeanne, tu peux couper ce gâteau (par) moitié, s'il te plaît !「Jeanne、できたら、このケーキを半分に切っておいて！」という意味になります。なにかを半分にする場合には、par moitié「半分に」を用います。à moitié という熟語も存在しますが、こちらは「半ば、半分、ほとんど」という意味となり、Cette carafe d'eau est à moitié vide.「この水差しは半分からだ」のように使います。前者は「行為」、後者は「結果の状態」を表現する、と覚えておけばいいでしょう。

(2) Le président vous accueillera (à) bras ouverts.「大統領はあなた方を喜んで迎え入れることでしょう」という意味になります。à bras ouverts「もろ手をあげて、歓迎して」を意味する熟語表現です。à bras のみだと、「(機械の力を借りずに) 手で、手動で」の意味になります。たとえば、moulin à bras は「手動製粉機」の意味となります。この際、両方とも覚えてしまいましょう。

(3) Mon fils est porté (sur) la boisson et je suis inquiète.「息子が酒びたりなので、心配でたまりません」という意味になります。être porté sur ~「~が大好きである」を使った熟語表現です。ここでの la boisson は「アルコール類」の意味で使われています。したがって、être porté(e,s) sur la boisson は、「アルコールが (依存症になるほど) 好きである」という意味になります。なお、être porté à ~「~する傾向がある」と区別してください。たとえば Mon fils est porté à la colère.「息子は怒りっぽい」のように使えます。

(4) (Vu) les circonstances, ils ne devraient pas vendre leurs actions.「状況から判断して、彼らは持ち株を売るべきではなかろう」という意味になります。判断の根拠を示す vu という前置詞は文語調の文章でときどき出会う重要な前置詞ですので、この機会にぜひ覚えてください。なお、vu que ~「~なので、~であるから」という従属節をみちびく使い方もあります。Il faut renoncer à cette dépense, vu que les crédits sont épuisés.「予算がもう底をついているので、その出費はあきらめなければならない」のように使えます。

[解 答] (1) ④　(2) ①　(3) ⑦　(4) ⑧

[練習問題 5]

次の (1)～(4) の (　) 内に入れるのにもっとも適切なものを、下の①～⑧のなかから 1 つずつ選び、解答欄のその番号にマークしてください。ただし、同じものを複数回用いることはできません。なお、①～⑧では、文頭にくるものも小文字にしてあります。

(1) « Défense de fumer, (　　) peine d'amende »
(2) Les kangourous avancent (　　) bonds.
(3) Tu traceras la ligne de coupe (　　) pointillé.
(4) (　　) ce, le président est parti.

① contre　② dans　③ de　④ en
⑤ par　⑥ sous　⑦ suivant　⑧ sur

(11)

[解 説] (1) « Défense de fumer, (sous) peine d'amende »「禁煙、違反者は罰金に処す」という意味です。sous peine de ~「（違反の場合）~の罰を受ける条件で」という意味の成句的表現を知っている必要があります。ここの sous は、「条件・理由」を示す用法で、たとえば sous prétexte de maladie ~「~病気という口実で」などのように使えます。

(2) Les kangourous avancent (par) bonds.「カンガルーは飛び跳ねながら進む」となります。bond「跳躍」の複数形を前置詞 par と組み合わせた表現です。この bond は英語の bound にあたります。したがって、faux bond が「イレギュラーバウンド」だと理解するのは困難ではないでしょう。なお、d'un (seul) bond「ひと飛びで、一挙に」も同時に覚えてしまいましょう。

(3) Tu traceras la ligne de coupe (en) pointillé.「切り取り線は点線でかいて（引いて）ね」という意味です。いわゆる「様態や手段」を示す en の用法で、en espèce「現金で」、en avion「飛行機で」などと同様の使い方となります。

(4) (Sur) ce, le président est parti.「そこで、会長は立ち去った」の意味となります。これはいわゆる「時間的関係」を示す sur で、「これを機に、この機会に」が原義となっています。ただ、sur ce は、「そこで、そうすると、それで、そう言うと」などの意味で成句的に使われますから、そのまま覚えてしまう必要があるでしょう。

|解 答| (1) ⑥　(2) ⑤　(3) ④　(4) ⑧

4

時事用語や常用の複合語を穴うめで完成させる問題です。範囲は政治（軍事をふくむ）・経済・文化・社会・日常生活の領域など多岐にわたっており、なかには複数領域にまたがるものもあります（以下の「練習問題」では便宜上5つの領域に分けておきました）。この問題で問われる表現は、フランスのメディアに日常的に接していれば、また、フランスでの日常生活になじんでさえいれば、いずれも「既視感」のある基本的で重要な表現ばかりです。ただし、日本語とは発想のことなる表現を用いるケースも多いので、意識的に覚える努力もおこたってはなりません。とにかく、特定の分野にかたよることなく、日ごろから新聞や雑誌などで、アクチュアルな語彙に繰り返し接するよう心がけてください。また、うろ覚えでは歯が立たないので、実際に書いてみて正確なつづりをマスターすることも重要です。

仏検対策の勉強としては、ポイントは2つあるでしょう。ひとつは、長期的に使用される可能性の高い時事用語（日常生活にかかわるものをふくむ）を覚えることです。「国連安全保障理事会」、「領海」、「ラッシュアワー」などの用語がこれに該当します。こうした語彙は、時事用語集などを参考にしてノートにまとめておくと便利です。もうひとつは、新しい事態の出来とともにマスコミ用語として多用されるようになる語彙です。2012年の夏の時点で言えば、（反）原発関連や地震（予知）、中東情勢などに関する用語、ユーロ圏や財政破綻にまつわる専門用語、あるいは un moteur de recherche「検索エンジン」といったコンピューター関連用語などがあげられるでしょう。こうした語彙は、対応するフランス語に出会うたびにメモしておくとよいでしょう。

練習問題

次の(1)〜(15)の日本語の表現に対応するフランス語の表現は何ですか。（　）内に入れるのにもっとも適切な語（各1語）を、解答欄に書いてください。

政治・軍事：

(1) 二国間協定　　　　　　un accord (　　　)　　　　(08)

(2) 新興国　　　　　　　　les pays (　　　)　　　　　(07)
(3) 先制攻撃　　　　　　　une attaque (　　　)　　　(06)
経済：
(4) 累進税　　　　　　　　l'impôt (　　　)　　　　　(08)
(5) 上場企業　　　　　　　une entreprise (　　　) en Bourse
　　　　　　　　　　　　　　　　　　　　　　　　　　(11)
(6) 非営利団体　　　　　　une association à but non (　　　)
　　　　　　　　　　　　　　　　　　　　　　　　　　(10)
文化：
(7) 有人飛行　　　　　　　un vol (　　　)　　　　　　(10)
(8) 高速通信網　　　　　　le réseau à haut (　　　)　(09)
(9) ジェットコースター　　les (　　　) russes　　　　(11)
社会：
(10) 生体認証　　　　　　　l'identification (　　　)　(08)
(11) 代理母　　　　　　　　une mère (　　　)　　　　 (08)
(12) 食中毒　　　　　　　　une (　　　) alimentaire　(07)
日常：
(13) 単親家族　　　　　　　une famille (　　　)　　　(10)
(14) 慢性疾患　　　　　　　une maladie (　　　)　　　(09)
(15) 給与明細書　　　　　　une (　　　) de paye　　　(11)

　解説　(1)「二国間協定」は、un accord (bilatéral) となります。bi-（2つの）＋ latéral（側面の）という要素に分解できる単語です。les relations bilatérales entre la France et le Japon「フランスと日本の二国間関係」といった使い方もできます。
　(2)「新興国」とは、「(既成の先進国に対して) 新たに頭角を現した国」、とくに「経済的な発展のいちじるしい国」を指します。そこで、「水面に浮き出る、姿を現す、頭角を現す」などを意味する動詞 émerger から派生した形容詞 émergent(s)「突然現れた、新興の」を用い、les pays (émergents) と表現します。

(3) 軍事にかかわる定型表現ですので覚えてください。日本語では「先制」となっていますが、フランス語では「相手の攻撃をあらかじめ予防する」という発想にもとづいて une attaque préventive と言います。préventif (-ve) は、「予防する」を意味する動詞 prévenir と派生関係にある形容詞です。

　(4)「累進税」は l'impôt (progressif) です。ちなみに、課税標準に対し同率で課税する「比例税」は l'impôt proportionnel となります。この場合の proportionnel(le) は、「比率の定まった」という意味で使われています。

　(5)「上場企業」は une entreprise (cotée) en Bourse と言います。証券や為替などの公定相場を la cote と言います。その動詞形 coter は「（証券や為替など）に相場をつける」の意味で用いられます。資本主義社会には不可欠な制度でありながら、あまり知られていない単語ですので、この際に覚えてください。

　(6)「非営利団体」は une association à but non (lucratif) と言います。これは知らないと歯が立たない設問ですが、さまざまなメディアで使用されていますので、ぜひ覚えてください。lucratif(-ve) は「利益の多い、もうかる」を意味する形容詞で、「もうけ、利益」を意味するラテン語 lucrum に由来する語です。

　(7)「有人飛行」は un vol (habité) と表現されます。潜水艦や宇宙船で「有人の」を意味する habité は、すでに 1968 年から使われています。最近なにかと話題になるテーマですので、ぜひ覚えてください。

　(8)「高速通信網」は le réseau à haut (débit) と言います。débit には「小売、（水、ガス、電気などの）単位時間あたりの流量・供給量」の意味があり、これが電気通信や情報科学の分野で使われると、「情報伝達量、スループット」の意味になります。

　(9)「ジェットコースター」は les (montagnes) russes と言います。なぜ「ロシアの山々」なのか。それは 16 世紀のロシアの山地で、ジェットコースターの原型が「発明」されたからです。当時は、山場や丘などに、両端が反り上がり、真ん中が大きく凹んでいる巨大な両面滑り台をこしらえ、ソリなどに乗って、一方から下方に滑走し他方へと滑り上がったわけです。これが、現在のジェットコースターの発想源となりました。

　⑽「生体認証」は l'identification (biométrique) となります。これ以外の表現は認められません。biométrique という形容詞は、「生体計測学」を意味する biométrie から派生した形容詞です。agriculture biologique「有機農業」

などで使われる biologique とはことなった概念ですので、注意が必要です。

⑾「代理母」は une mère (porteuse) です。言うまでもなく動詞 porter から派生した形容詞 porteur / porteuse にあたります。これもきまった言い方ですので覚えてください。

⑿「毒」を指す合成語要素の tox(i)- / toxo- から作られた intoxication を用います。動詞は intoxiquer、形容詞は toxique となりますので、同時に覚えてしまいましょう。

⒀「単親家族」は une famille (monoparentale) と表現されます。文字どおり「単・親の」から作られた造語です。現今の家族のあり方は急速に変化しており、それに対応する新しい表現が次々と生みだされていますので、日ごろから注意をはらっておく必要があります。

⒁「慢性疾患」は une maladie (chronique) と言います。chronique という形容詞は、「時間」を意味するギリシア語の khronos に由来するラテン語 chronicus から派生した単語で、「永続する、慢性の」という意味で使われます。同つづりの女性名詞 chronique は、「年代記、編年記」を意味します。ちなみに、「急性疾患」は une maladie aiguë と言います。

⒂「給与明細書」は une (fiche) de paye あるいは une (feuille) de paye と言います。fiche は「（分類用などの）カード」、feuille は「紙片、文書」を意味しますから、容易に理解できるでしょう。動詞形の ficher には同つづりながら、3つのことなった単語が存在します。それぞれ「～をカードやブラックリストに載せる」、「（釘などを）打ち込む」、「（俗）～をやる、する（foutre の婉曲語）」を意味します。また、feuille の基本義は「植物の葉」で、そこから転じて「紙片」の意味が派生します。よって、feuilleter「（本、ノート＝紙片の集まり）をパラパラめくる」などの動詞もここに由来します。

解　答	(1) bilatéral	(2) émergents	(3) préventive
	(4) progressif	(5) cotée	(6) lucratif
	(7) habité	(8) débit	(9) montagnes
	(10) biométrique	(11) porteuse	(12) intoxication
	(13) monoparentale	(14) chronique	(15) fiche / feuille

5 長文を読み、その流れに沿って、動詞を選択し、適切な形にして空欄をうめる問題

です。動詞の意味や活用形に関する正確な知識が必要となるのは言うまでもありませんが、同時に、文脈で要求されている法や時制を的確に把握できるかどうかもポイントになります。こうした点にとくに注意して、新聞や雑誌の記事を読む訓練を積むとよいでしょう。その際、直説法の複合過去、半過去、大過去が同じテキストのなかで使い分けられている場合にとくに注意をはらうよう注意してください。この3つの時制の使い分けに慣れることは、この問題を解くうえで大きな力になるでしょう。さらに、文法的に接続法や条件法が要求される場合も、よく復習しておく必要があります。また、不定法の受動態や（たとえば être reçue など）、複合型の現在分詞（たとえば、ayant reçu など）を入れるケースも少なくないので、練習を積みましょう。

なお、この問題の場合、まずは語群にある8つの動詞を先に頭に入れておくのがコツです。その後、一読しておおまかな筋をつかみます。次に、それぞれのカッコに入るべき動詞を選び、前後の文脈や時制および構文にかんがみて、適切な法と時制に活用していきます。その際、能動態か受動態か、という観点も見失わないことがかんじんです。

練習問題 1

次の文章を読み、（ 1 ）〜（ 5 ）に入れるのにもっとも適切なものを、下の語群から1つずつ選び、必要な形にして解答欄に書いてください。ただし、同じものを複数回用いることはできません。

L'ancien commandant du « Queen Victoria », Morgan Hitchcock, ne se fait jamais prier pour raconter cette fameuse nuit où une vague démoniaque de 30 mètres a failli engloutir son paquebot. Mais quelle histoire ! Personne n'y (1) si la réputation du commandant Hitchcock n'avait pas été aussi bien établie. Ce témoignage étaie les innombrables récits de marins évoquant des vagues plus hautes qu'un immeuble de dix étages.

Jusque-là, ils faisaient rigoler les terriens, qui les attribuaient à l'imagination fertile des marins. Mais, peu à peu, il a fallu se rendre à l'évidence. Les témoignages (2) ces dernières années. Plusieurs navires ont été heurtés par un mur d'eau d'au moins 30 mètres de haut et sont revenus au port avec des trous assez larges pour engloutir plusieurs baleines et ce, sans qu'aucun tsunami n'(3).

Voilà quelques années, après avoir perdu un bon nombre de navires dans des circonstances inexplicables, les autorités allemandes ont décidé d'enquêter. En 2000, une équipe de chercheurs a mis sur pied un programme européen (4) Max Wave. Elle a analysé méthodiquement 30 000 photos satellitaires des océans et a décelé une dizaine de murs liquides de plus de 25 mètres de haut. D'après les chercheurs de Max Wave, ces vagues géantes pourraient naître de la confrontation de deux courants forts. Mais certains chercheurs émettent une autre hypothèse : par tempête, le vent limiterait l'élévation des vagues ; sa chute brutale ferait disparaître ce frein et (5) donc enfler certaines vagues. Quoi qu'il en soit, il faut construire dorénavant des bateaux capables de résister à ces vagues vampires.

baptiser   croire   laisser   rendre
s'accumuler se faire   se nourrir   signaler

(06)

解説 (1) 高さ25メートルから30メートル級の巨大な波が船を襲ったという証言が相次いだために、調査がおこなわれ、その結果「噂」が事実であることが確認されたと同時に、こうした異常な高波が発生するメカニズム

に関してもいくつかの仮説がたてられている、という話です。さて、（　1　）ですが、si 以下の条件節が大過去になっていることに着目すれば、全体として条件法過去の文ではないかと推測できます。[...] si la réputation du commandant Hitchcock n'avait pas été aussi bien établie「もし Hitchcock 船長のよい評判がきわめて確固としたものになっていなかったならば」とありますから、「だれも（彼の）そんな話を信じなかったことだろうに」とつづければよいわけです。したがって、動詞 croire を条件法過去に活用させて、Personne n'y (aurait cru) とすれば正解になります。

(2) Hitchcock 船長の証言が出るまでは、巨大な波に関する噂は、想像力たくましい船員たちの作り話だと片づけられてきた、と話は進みます。Mais, peu à peu, il a fallu se rendre à l'évidence.「だが徐々にそれが事実であることを認めざるをえなくなった」のです。なぜなら ces dernières années「ここ数年で」証言がたくさん集まったから、とつづくことが予想されます。こうして、（　2　）をふくむ文は完了を表わす複合過去が入るとわかりますので、「蓄積する」を意味する s'accumuler を選び、Les témoignages (se sont accumulés) ces dernières années.「ここ数年で多くの証言が集まった」とすればよいことがわかるでしょう。なお、過去分詞の性数一致にも注意したいところです。

(3) 港に帰還した船体には、クジラ数頭を呑み込めるほどの穴があいていることもあった、と記されています。それほどの被害が出ていながら「津波はいっさい報告されていない」とつづくと予想できます。そこで「知らせる」、「報告する」を意味する signaler を選び、それを受動態におけばよいとわかります。ただし、（　3　）は接続法を要求する sans que という副詞節のなかにありますから、接続法現在の受動態にする必要があります。こうして、[...], sans qu'aucun tsunami n'(ait été signalé)「津波はいっさい報告されずに」という副詞節が完成します。

(4) 説明のつかない船舶の事故がつづいたために、ドイツ当局が音頭をとって調査を開始します。2000 年に programme européen「ヨーロッパ規模の調査計画」である Max Wave「マックス・ウエーヴ」が組織されたと書かれています。こうした文脈から、名詞にはさまれた（　4　）には、「命名する」の意味で使える baptiser の過去分詞を入れればよいと判断できます。

(5) Max Wave「マックス・ウエーヴ」の研究者たちは、2 つの強い海流が衝突する際に異常な高波が発生するという仮説をたてました。しかし、まっ

たく別の仮説をたてる研究者もいた、と話は展開します。それによると、[...] : par tempête, le vent limiterait l'élévation des vagues ; [...]「(まず) 嵐により、強風が波の高まりをおさえるようである」と記されています。deux points (:) のあとの動詞 limiterait が条件法である点に注目してください。ここでは、別の仮説を、推測や伝聞を表現できる条件法で紹介しているわけです。したがって以下のように laisser の条件法現在を入れれば文意が一貫することが了解できるでしょう。[...] ; sa chute brutale ferait disparaître ce frein et (laisserait) donc enfler certaines vagues.「風が突然やむと (波への) 抑制がきかなくなり、それゆえにいくつかの波を (極端に) 膨張させることになるようである」というわけです。

解 答 (1) aurait cru (2) se sont accumulés (3) ait été signalé
         (4) baptisé   (5) laisserait

練習問題 2

次の文章を読み、(1) ～ (5) に入れるのにもっとも適切なものを、下の語群から1つずつ選び、必要な形にして解答欄に書いてください。ただし、同じものを複数回用いることはできません。

La police grecque a retrouvé hier une icône byzantine de la Vierge volée le mois dernier dans un monastère du Péloponnèse, et arrêté deux suspects. « C'était pour nous une question d'honneur de la retrouver », a souligné le commissaire Panayotis Freris, rappelant les importants moyens (1) après le vol.

La disparition de la précieuse icône avait suscité la consternation dans la région où elle était révérée comme miraculeuse. Les enquêteurs, qui dès le départ (2) la thèse d'un coup de trafiquants professionnels, avaient mené sur place des recherches de grande ampleur ; les congés des policiers locaux (3) et des renforts envoyés d'Athènes, sur la décision du commissaire Freris. Sans résultat dans l'immédiat, la police craignait que l'icône n'atteigne les frontières et qu'elle ne (4) à l'étranger, ce qui aurait rendu sa récupération presque impossible.

Les deux suspects n'ont encore rien avoué sur le procédé du vol. Selon les enquêteurs, ils se seraient laissé enfermer la nuit dans le monastère ; ils (5) par le toit dans l'église, où l'icône, normalement à l'abri, était exposée pour la fête de la Vierge.

| avertir | déployer | desservir | pénétrer |
| privilégier | suspendre | transporter | traverser |

(07)

解説 (1) ある盗難事件に関する報道文です。冒頭は、「昨日ギリシアの警察は、ある修道院で先月盗まれた聖母のイコンを発見し、ふたりの容疑者を逮捕した」という一文から始まっています。引用箇所を除けば、第1段落には複合過去が用いられていることに留意しておくべきでしょう。なお、(1) は、盗難事件発覚後に、警察の威信をかけた大がかりな捜査態勢について述べた文のなかに組み込まれています。警察署長が、当時とった「大がかりな捜査（手法）」 importants moyens にふさわしい動詞 déployer「展開する」を選び、過去分詞にして importants moyens (déployés) après le vol「盗難後に展開された大がかりな捜査（手法）」とすれば正解になります。

(2) 第2段落に入り、奇跡を起こすと信仰されていたイコンの盗難事件が地域社会に動揺をあたえた旨が語られます。捜査陣は当初からこれがプロの窃盗グループのしわざであろうと考え、鋭意捜査していました。この文意から、動詞は privilégier「優先する」を選び、さらに第1段落のイコンの発見と容疑者の逮捕より、時間的に先行している点をも考慮して、直説法大過去形に活用させましょう。なお、文全体の動詞 avaient mené が大過去におかれていることもヒントになります。

(3) 強力な捜査態勢をしくために、警視 Freris 氏の判断により、地元の警察官の休暇が一時的に返上された旨が語られています。そこで、動詞

suspendre「中止、中断する」を選び、かつ時間的な先行性をここでも加味して、直説法大過去に活用させます。さらに、主語が「休暇」ですから、受動態にせねばなりません。こうして、[...] ; les congés des policiers locaux (avaient été suspendus)「地元の警察官の休暇は一時的に返上となった」という正解がみちびきだされます。

(4) 警察がこれほどまでに初動捜査に力を入れたのは、時間がたてば盗難品が国境を越えて外国に持ち出される可能性があり、それを一番恐れていたからです。その警察の心配の内容を記した箇所に（ 4 ）が組み込まれています。主文の動詞 craindre が従属節に接続法を要求することを考慮して、transporter「運び出す、持ち出す」を受動態に活用させ、la police craignait que l'icône n'atteigne les frontières et qu'elle ne (soit transportée) à l'étranger「警察は、イコンが国境にまで達し、外国に持ち出されるのを恐れていた」とすれば正解です。l'icône は女性名詞ですから、transportée と女性形に一致させるのを忘れないようにしましょう。なお、引用文中の2つの ne (n') は両方とも「虚辞の ne」です。

(5) 容疑者はまだ窃盗の手口についてなにも白状していませんが、捜査当局はある推測をたてています。その内容が、過去の推測を表現できる条件法過去を用いて記述されています。その推測によると、容疑者ふたりは夜になるまで修道院内に故意に居残り、その後、屋根から教会堂内に侵入したらしい、というのです。そこで、動詞 pénétrer を選び、[...] ; ils (auraient pénétré) par le toit dans l'église「彼らは屋根から教会堂内に侵入したらしい」とすればよいでしょう。

解　答　(1) déployés　　　　　(2) avaient privilégié
　　　　　(3) avaient été suspendus　(4) soit transportée
　　　　　(5) auraient pénétré

練習問題3

　次の文章を読み、（ 1 ）〜（ 5 ）に入れるのにもっとも適切なものを、下の語群から1つずつ選び、必要な形にして解答欄に書いてください。ただし、同じものを複数回用いることはできません。

Mettant à profit ses trajets pour aller à son travail, Alexis Morel, informaticien de Picardie, a écrit en 15 semaines, avec son téléphone portable, les 384 pages d'un roman de science-fiction. L'ouvrage, intitulé *Aventuriers de l'espace*, a été édité par le site internet Tutu.com, lancé en 2003 par Johnny Hallé, fondateur de l'éditeur de logiciels Black Hell, et (1) à plus de 20 000 exemplaires à ce jour.

Morel pratiquait l'orthographe courante sur le clavier de son combiné Noblesse, sans recourir à la syntaxe abrégée typique des messages textes envoyés par téléphone. Le texte était enregistré paragraphe par paragraphe sur le combiné avant d'(2) sur ordinateur à domicile pour une relecture et une mise en forme.

« Si ça avait été il y a quelques années, j'(3) ferme pour trouver le temps et l'éditeur nécessaires à la publication de ce livre », note Morel dans un communiqué. « Grâce à Noblesse et à Tutu, je suis fier d'être un auteur publié. »

Tutu.com propose la publication via Internet de livres, de vidéos et d'autres produits multimédias. « Ça tombait bien que ce monsieur (4) une idée romanesque et qu'il ait trouvé plus pratique d'écrire avec son téléphone et de télécharger son texte sur notre site pour en faire un livre, car c'est exactement là que (5) notre raison d'être », s'est réjoui David Lévy, porte-parole de Tutu.com.

| avoir | batailler | exprimer | penser |
| résider | s'écouler | se perdre | transférer |

(08)

解 説 (1) Alexis という男性が、通勤時間を利用して携帯電話で小説を書き、インターネット上で発表したのち出版にまでこぎつけた、という話です。まず、よぶんな贅肉をなるべく削ぎ落として、(1) をふくむ文の骨子のみを書き出してみましょう。L'ouvrage [...] a été édité (par le site internet Tutu.com) et (1) à plus de 20 000 exemplaires (à ce jour).「その作品は（Tutu.com というインターネットサイトにより）出版され、これまでに 2 万部が（ 1 ）」となります。文脈からみて、動詞は「(商品が) はける、さばける」を意味しうる s'écouler を選び、それを、a été édité と同じ直説法複合過去に活用して、(s'est écoulé) とすれば正解になります。なお、はけた部数は推測にすぎないと考えるならば、条件法過去の (se serait écoulé) も不可能ではありません。なお、「流出する、流れ出る、(商品が) はける」を意味する s'écouler と、「崩れる、倒壊する、滅ぶ」を意味する s'écrouler とを混同しないようにしましょう。

(2) 著者の Alexis Morel は、携帯メールに特有の省略的表現を避け、ごく一般的なつづりで携帯（Noblesse という会社の携帯電話）のキーボードをたたいていく、と話はつづきます。そのあと、Le texte était enregistré paragraphe par paragraphe sur le combiné avant d'(2) sur ordinateur à domicile pour une relecture et une mise en forme.「テキストは、再読および推敲のために家のコンピューターに（ 2 ）される前に、1 パラグラフごとに携帯電話に記憶させられる」のです。文脈からみて、空欄には「移される」という意味の不定詞が入ると推測できます。そこで、動詞 transférer を選び、それを不定法の受動態にして、(être transféré) とすればよいのです。この être transféré の意味上の主語は Le texte ですから、性数は男性単数でかまいません。

(3) Morel 氏の言葉のなかに（ 3 ）が置かれています。条件節 Si ça avait été il y a quelques années, [...] に直説法大過去が使われているので、全体として条件法過去の文だと推測できます。おおまかな意味は、「もしこれが数年前だったならば、私は、この本の刊行に必要な時間と出版社とをみつけるために、かなり（ 3 ）せねばならなかったことでしょう」となりますから、動詞は batailler「奮闘する」を選び、それを条件法過去に活用して (aurais bataillé) と記せばよいわけです。

(4) Tutu.com の広報である David Lévy の言葉のなかに（ 4 ）が置かれています。「この男性が小説のアイデアを（ 4 ）いて、しかも携帯電話

で書いてわれわれのサイトにダウンロードさせるほうが便利だと考えたのは好都合だった」という主旨の文です。文脈からして、動詞は avoir が適切だとわかります。次に法と時制ですが、2つ目の従属節が、[...] qu'il ait trouvé plus pratique d'écrire [...] と接続法過去になっていることに着目すれば、(ait eu) という正解が得られるでしょう。なお、従属節が接続法になるのは、Ça tombait bien という主節が、「好都合だった」という判断を示す表現になっているからです。

(5) おなじく Lévy 氏の言葉のなかに空欄があります。携帯小説にサイトをいったん経由させたのち、本の出版へといたるやり方を、自社の特徴だと自負している部分です。« [...], car c'est exactement là que (5) notre raison d'être », [...]「なぜなら、われわれの存在理由も、まさしくそこに (5) からだ」となります。単純に「ある、存する」という言葉が浮かびますね。そこで、動詞 résider を選び、それを直説法現在の (réside) に活用すればよいとわかります。

解 答 (1) s'est écoulé (2) être transféré (3) aurais bataillé
(4) ait eu (5) réside

練習問題 4

次の文章を読み、(1) ～ (5) に入れるのにもっとも適切なものを、下の語群から1つずつ選び、必要な形にして解答欄に書いてください。ただし、同じものを複数回用いることはできません。

Le pilote du bateau soupçonné d'être à l'origine du naufrage d'une vedette de plaisance samedi sur le Rhône a été mis en examen mardi. Placé sous contrôle judiciaire par le juge d'instruction, il se voit (1) d'une interdiction d'exercer la profession de pilote de navire.

Le drame est survenu samedi peu avant 23 heures. Selon les enquêteurs, le bateau a violemment percuté par l'arrière une petite vedette de plaisance, causant une importante voie d'eau puis le rapide naufrage de l'embarcation, louée par quatre familles. Des 12 personnes qui se trouvaient à bord de la vedette, 10 ont pu rejoindre à la nage les berges. Mais un homme de 45 ans et un garçonnet de six ans, restés prisonniers dans la cabine, (2) dans le drame.

Selon les premiers éléments de l'enquête, basés sur quelques rares témoignages seulement, le pilote, en naviguant trop vite, (3) au code du domaine public fluvial et de la navigation intérieure, ce qu'il conteste formellement. Poursuivi pour homicides et blessures involontaires, il l'est également pour usage illicite de stupéfiants : des contrôles sanguins ont révélé qu'il avait consommé de la résine de cannabis. L'homme a reconnu (4) du haschich la veille de l'accident. Pour autant, cette infraction n'est pas considérée comme une circonstance aggravante dans la mesure où il n'est pas établi que la consommation de cannabis (5) le comportement du pilote lors de l'accident, selon une source judiciaire.

| contrevenir | convenir | décéder | frapper |
| fumer | influencer | juger | naviguer |

(09)

解説 (1) 今回は、ローヌ河で起きた船の衝突事故がテーマです。レジャー用ボートが、より大きな船に衝突されて沈没し、2人の死者を出した。捜査によると、ぶつけたほうの船の操縦士にミスがあったことが発覚した、という内容です。さて、沈没の原因を作ったとの嫌疑をかけられた操縦士について語られた文が、(1) をふくむ文です。Placé sous contrôle judiciaire par le juge d'instruction, il se voit (1) d'une interdiction d'exercer la profession de pilote de navire.「予審判事によって裁判所の監督下におかれ

48

た操縦士は、船舶操作の仕事をおこなうのを禁止（　1　）」となります。ここでは、（　1　）の直前の se voir に注意しましょう。se voir ＋ 属詞（過去分詞が多い）で「～される、～という状態になる」という受け身的表現になることを知っている必要があります。ここでの文脈から判断して、「（制裁、罰などを）科する」を意味しうる動詞 frapper を選択し、il se voit (frappé) d'une interdiction「彼は禁止措置を科される」とするのがもっとも適切だとわかります。frapper の原義は「たたく、打つ、殴る」ですが、そこから「～を襲う、～に強い印象やショックをあたえる、罰などを科する」といったより比喩的な意味が派生しますので、その点に注意をはらうべきでしょう。

　(2) 第2段落では drame「惨劇」の内容が具体的に描かれています。小さなレジャー用ボートの後部に、別の船が激しく衝突し、水流に呑み込まれて沈没。レジャー用ボートの乗船客12名のうち10名は泳いで河岸にたどりついたとの説明のあとに、（　2　）をふくむ文がきます。Mais un homme de 45 ans et un garçonnet de six ans, restés prisonniers dans la cabine, (　2　) dans le drame.「しかし45歳の男性と6歳の少年が船室に閉じ込められ、その惨劇（のなか）で（　2　）」となります。文脈から容易に判断できるように、「亡くなる、死亡する」を意味する公式用語の décéder を選び、それを前文の ont pu と合うように複合過去に活用して (sont décédés) とすれば正解です。décéder は、mourir とおなじく「状態の変化」を意味する自動詞ですので、助動詞は avoir ではなく être をとることに注意してください。

　(3)（　3　）をふくむ文を訳すと「調査の結果得られた初期の情報によれば、といっても数少ないいくつかの証言のみにもとづいた情報ではあるが、操縦士は、スピードを出しすぎていたために、公共河川領域ならびに国内航行の規則に（　3　）。操縦士はこの点を明確に否定してはいるが」となります。convenir à ~「（規則、規律など）に違反する」を知っていれば、動詞は比較的容易に選べます。問題は法と時制です。直説法大過去 avait contrevenu にすると、断言口調になりますが、この文からは、初期段階の情報にすぎないこと、証言の数が少ないこと、操縦士が否認していることなど、断定をためらうような留保が数多く付加されています。したがって、過去の事柄に関する推測と見なして条件法過去の (aurait contrevenu) とするほうがより適切だと判断できます。ただし、大過去も絶対的に排除できるわけではなく、実際の試験では正解として扱っています。

　(4) 操縦士が麻薬を吸っていたことが血液検査の結果判明した、という内

容の一文のあとに、(4) をふくむ文がきます。L'homme a reconnu (4) du haschich la veille de l'accident.「操縦士は事故の前日ハシシュ（大麻）を (4) ことを認めた」とありますので、「（タバコや大麻などを）吸う」を意味する fumer を選びます。reconnaître の複合過去のあとに (4) が置かれていますので、不定法が入るのはすぐにわかります。ここで注意すべきことは、「認めた」ときと「ハシシュを吸った」ときの間に時間のずれがある点です。後者のほうがより「古い」出来事ですので、完了形の不定詞にして (avoir fumé) と記さねばなりません。

(5) 前問につづく文に (5) が置かれています。その文の意味は、「しかしながら、司法筋からの情報によれば、大麻の吸引が事故当時の操縦士の行動に (5) という点が明確にされないかぎり、こうした違反は加重情状とは見なされないとのことである」となります。文脈から influencer「影響をおよぼす」を選ぶのは比較的容易でしょう。次に活用ですが、il n'est pas établi que ~「~は確かではない」という、事実性に疑問符のつく従属節のなかでこの動詞が使われているわけですから、接続法過去に活用する必要があると判断できます。したがって (ait influencé) が正解だとわかります。

解　答　(1) frappé　(2) sont décédés　(3) aurait contrevenu
　　　　　(4) avoir fumé　(5) ait influencé

練習問題 5

　次の文章を読み、(1) ～ (5) に入れるのにもっとも適切なものを、下の語群から1つずつ選び、必要な形にして解答欄に書いてください。ただし、同じものを複数回用いることはできません。

　Une jeune femme de 24 ans a assigné la SNCF en justice, affirmant avoir perdu son emploi fin mai à Lyon à cause des retards répétés de son train, a-t-on appris jeudi auprès de son avocat. Il y avait pour elle une possibilité de se voir proposer un Contrat à durée indéterminée à l'issue d'une période d'essai qui (1) à cause des retards liés aux perturbations récurrentes sur la ligne reliant Lyon à Bourg-en-Bresse, où elle habite. D'après son avocat, s'il n'y avait pas eu ces retards, elle (2) la perte de son emploi. L'avocat a assigné la SNCF pour « défaillance contractuelle » et « non-respect de l'obligation de ponctualité » devant le tribunal de grande instance de Paris.

Fraîchement diplômée, la jeune femme (3) en avril dernier comme assistante juridique dans un cabinet d'avocats lyonnais. Or, pas moins de six retards de train, allant de 10 minutes à 1 heure 15, l'(4) pendant sa période d'essai et ont conduit son employeur à lui en notifier la rupture en ces termes : « La persistance de ces retards pendant votre période d'essai me contraint donc à prendre cette décision. »

Demandant 45 000 euros de dommages et intérêts, l'avocat estime que sa cliente (5) « un préjudice moral et financier à la suite de cette perte d'emploi ». La SNCF n'a pas souhaité faire de commentaire.

| arrêter | embaucher | éviter | interrompre |
| licencier | pénaliser | rompre | subir |

(11)

解説 (1) 今回は、国鉄のたび重なる列車の遅延のために、失職を余儀なくされた若い女性がフランス国鉄を相手取り、弁護士を介して訴訟を起こした、という内容です。(1) をふくむ文では、女性が訴訟を起こすにいたった経緯が具体的に語られています。主節には、Il y avait pour elle une possibilité de se voir proposer un Contrat à durée indéterminée à l'issue d'une période d'essai「彼女は、試用期間が終われば、期限なしの雇用契約を提示してもらえるかもしれなかった」と記されています。une période d'essai「試用期間」にかかる関係詞節は、qui (1) à cause des retards

51

liés aux perturbations récurrentes sur la ligne reliant Lyon à Bourg-en-Bresse, où elle habite. 「Lyon と彼女の住む Bourg-en-Bresse とを結ぶ路線でたびたびダイヤが乱れ、遅刻したために（ 1 ）してしまった」という意味です。よって、（ 1 ）には、試用期間が「打ち切られた」という意味合いの動詞表現が入るはずです。そこで動詞のリストから rompre を選び、それを先行詞の une période d'essai に合うように、複合過去の受動態に活用すればいいわけで、une période d'essai qui (a été rompue)「打ち切られた試用期間」が正解だとわかります。女性形単数への性数一致にも注意せねばなりません。

(2)（ 2 ）をふくむ一文は、典型的な条件法過去の構文です。D'après son avocat, s'il n'y avait pas eu ces retards, elle (2) la perte de son emploi. 「彼女の弁護士によれば、こうした遅延さえなければ、彼女は失職を（ 2 ）であろう（に）」、つまりリスト中の動詞 éviter を、「避けられたであろう（に）」という意味の条件法過去に活用すればいいわけで、正解は (aurait évité) となります。

(3)（ 3 ）をふくむ一文は、女性が解雇される前の状況を説明しています。Fraîchement diplômée, la jeune femme (3) en avril dernier comme assistante juridique dans un cabinet d'avocats lyonnais. 「この若い女性は、学位を取得したばかりで、先の4月にリヨン法律事務所に、法律顧問助手として（ 3 ）」とあります。したがって、embaucher「雇用する」を選び、受動態にし、かつ彼女の雇用時期は解雇時期より以前である点をもふまえて、大過去に活用すべきだとわかります。よって (avait été embauchée) が正解だと理解できるでしょう。

(4)（ 4 ）をふくむ一文は、「ところが、10分から1時間15分におよぶ、6回以上の電車の遅延が、彼女に（ 4 ）をあたえ、雇用者は次の文言により、試用期間の中止を通達するにいたった」と記されています。l'(4) の主語は pas moins de six retards de train「6回以上の電車の遅延」、l' = la は「彼女」（目的語）であると見抜ければ、「電車の遅延が彼女に罰則をあたえるにいたった」という意味になると理解できるでしょう。したがって、時制を同文中の ont conduit の複合過去に合わせ、かつ助動詞の前に出た目的語 l' = la に性数を一致させ、l'(ont pénalisée) とすれば正解です。ここでは、主語を見抜くこと、pénaliser の意味を知っていること、性数一致が起こること、これらの3点が重要なポイントになるでしょう。

(5) (5) をふくむ一文の意味は、「弁護人は、依頼人が『この失職にともなう精神的・経済的ダメージを』(5) と見なし、45 000 ユーロの損害賠償を求めている」となります。(5) には、subir「こうむる」を選び、かつ、現在にまで影響がおよぶ完了（結果）の複合過去と見なせるので、(a subi) とすれば正解にたどりつきます。

|解　答| 　(1) a été rompue　　(2) aurait évité　　(3) avait été embauchée
　　　　(4) ont pénalisée　　(5) a subi

6

空欄に文ないし文の一部をおぎなって長文を完成させる問題です。提示されている選択肢のなかから前後の文脈にうまく合致するものを選ぶわけですが、文全体の内容や論理構成を念頭に置いたうえで解答する必要があります。そこで、まずは全体を通読しておおまかな内容を把握し、その後、空欄の前後に注意を集中するとよいでしょう。なお、受験技術的な話になりますが、先に8つの文に目を通しておくほうが、論旨の把握が楽になるはずです。また、ふだんから新聞や雑誌の記事や論説を読む際に、その論理的展開や因果関係をきちんとおさえる訓練をしておく必要があります。突然、文のつながりを見失ったような気がした場合、あるいは、展開が把握しにくく思われた場合、納得できるまで何度も読み返す習慣を身につけることも重要です。なお、物語調の文章だけでなく、論説調の文章が出題されることもありますので、特定のジャンルにかたよることなく、新聞や雑誌を緻密に読み解く訓練を積んでください。

練習問題 1

次の文章を読み、(1) 〜 (5) に入れるのにもっとも適切なものを、右のページの①〜⑧のなかから1つずつ選び、解答欄のその番号にマークしてください。なお、①〜⑧では、文頭にくるものも小文字にしてあります。

　Pédiatre de formation, Layla Bensalah a fondé en 1996 à Essaouira (Maroc) l'association « Notre Maison » pour venir en aide aux enfants des rues. « À l'époque, dit-elle, je pensais que ce serait plus simple. Je ne mesurais pas à quel point (1), ni l'hétérogénéité des situations auxquelles nous allions devoir faire face. » Aujourd'hui, l'association, dont les bénévoles sont appuyés par 55 salariés à plein-temps, est présente à Casablanca, à Essaouira et à Meknès. (2) grâce à des équipes d'éducateurs de rue. Ce sont eux qui prennent le premier contact, créent les conditions d'une première écoute avant d'envisager une solution de réinsertion. (3), d'autres, après avoir été placés pour travailler, ont quitté leur employeur. Le retour dans la cellule familiale est parfois possible. S'il ne l'est pas, (4). Mais pour aider ces jeunes à se reconstruire, à aller jusqu'au bout d'un projet de vie, il faut être en mesure de les accueillir et de les suivre pendant des années. L'association, qui travaille en bonne intelligence avec la justice, s'en est donné les moyens : elle leur offre, outre un foyer de transition, la possibilité d'être hébergés dans sept appartements où ils se retrouvent à quelques-uns en compagnie d'éducateurs. De plus, la loi marocaine permet depuis peu le placement dans des familles d'accueil. Une formule à laquelle (5).

① certains de ces jeunes ont quitté leur famille à la suite de mauvais traitements
② elle est chargée d'étudier la question des droits de l'enfant
③ elle va au-devant de ces enfants et de ces adolescents en rupture de ban
④ elle veut aider ces jeunes femmes célibataires
⑤ il faut que l'association soit discrète
⑥ l'accueil dans un foyer pour les jeunes peut être envisagé
⑦ la réinsertion de ces enfants pouvait être complexe
⑧ l'association pourrait s'intéresser à l'avenir

(07)

解説 (1) モロッコで、ある小児科医が、住む家のないいわゆるストリート・チルドレンを支援する団体を組織して活動をひろげている、という内容です。(1) は、支援団体を設立した当初の状況をふりかえる、小児科医の発言のなかに置かれています。« [...] Je ne mesurais pas à quel point (1), ni l'hétérogénéité des situations auxquelles nous allions devoir faire face. »「私はどれほど（　1　）であるかも、また、自分たちが直面することになる状況がひじょうに多様であることも、予測していなかった」という意味になります。この文意にもっともふさわしいのは、⑦ la réinsertion de ces enfants pouvait être complexe「（支援を必要としている）こうした子どもたちの社会復帰がどれほど複雑（困難）であるかということ」だとわかるでしょう。

(2) 現在この支援団体は、専従職員とボランティアたちの力で各地に活動をひろげつつあることが述べられています。その直後に、「街頭で活動する教師グループのおかげで（　2　）」ことが可能となっていると記されています。そのあとにつづく文では、彼ら教師がまず子どもたちとコンタクトをとり、最初の聴取をおこなう旨が説明されています。つまり、教師たちの協力のおかげで、支援団体は本来の活動をスムーズにおこなえる、というわけです。この文脈に合致するのは、③ elle (l'association) va au-devant de ces enfants et de ces adolescents en rupture de ban「協会（支援団体）は、こうした身寄りのない子どもや青少年たちを受け入れる（ことができる）」だとわかるでしょう。

(3) 教師たちの実態調査の結果、子どもたちの置かれた状況がわかってきます。（　3　）の直後には、d'autres, après avoir été placés pour travailler, ont quitté leur employeur「ほかの者たちは、いったん仕事につけてもらったのに、その雇用主のもとを離れてしまった」と記されています。したがって、これとは少しことなった境遇の子どもたちも存在し、その内容が空欄に入ると推測できます。そこで、① certains de ces jeunes ont quitté leur famille à la suite de mauvais traitements「これらの若者たちのなかには、家庭での虐待のために家出をした者もいる」を選ぶことになります。ここでは、certains ... d'autres ... という構文もヒントになるでしょう。

(4) 元の家庭にもどる可能性もあるが、それが無理な場合は（　4　）、という内容がつづいています。つまり、空欄には「家庭にもどる」のとはことなる解決法が提示されるべきだとわかります。そこで、⑥ l'accueil dans un foyer pour les jeunes peut être envisagé「若者向けの寄宿舎への受け入れが検討される」が適切だと判断できます。

(5) 結論部とも言える問題文の最後が空欄となっているので、文の流れに注意をはらう必要があります。現在のところ、寄宿舎やアパートでの過渡的な共同生活を、不幸な子どもたちに提供することができると記されています。

De plus, la loi marocaine permet depuis peu le placement dans des familles d'accueil.「さらに、つい最近、モロッコの法律によりホストファミリーでの居住も可能になっている」ので、支援団体は将来に明るい見通しをもっている、といった主旨の文がここに入ると推測できるでしょう。もっとも適切な⑧を入れて訳すと、Une formule à laquelle (l'association pourrait s'intéresser à l'avenir).「（これは）支援団体が将来向かいうる（採用しうる）方策である」となります。

解 答 (1) ⑦ (2) ③ (3) ① (4) ⑥ (5) ⑧

練習問題 2

次の文章を読み、(1)～(5)に入れるのにもっとも適切なものを、右のページの①～⑧のなかから１つずつ選び、解答欄のその番号にマークしてください。なお、①～⑧では、文頭にくるものも小文字にしてあります。

« Nous vous proposons un moyen de vérification du passé locatif de vos futurs locataires. » (1) par la perspective d'un locataire insolvable. Sur Internet, on compte de plus en plus de sites spécialisés qui commercialisent des listes noires de mauvais payeurs. Un phénomène sur lequel la Commission nationale de l'informatique et des libertés (CNIL) a tiré la sonnette d'alarme, dans son dernier rapport rendu public hier. « (2), sous certaines réserves : les gens qui y figurent doivent être informés pour pouvoir éventuellement contester le contenu. Et surtout (3). Dès que la personne a réglé son impayé, son nom doit être retiré de la liste », explique un responsable de la direction juridique de la CNIL. Des obligations qui ne sont pas toujours respectées, (4) par la Commission, et récemment condamnée à 15 000 euros d'amende, pour avoir constitué sous le manteau un fichier de locataires mauvais payeurs, qu'elle revendait à des agences immobilières. C'est une victime de ce fichier, « blacklistée » à son insu, à cause d'un incident de paiement survenu plusieurs années auparavant, qui a donné l'alerte en allant toquer à la porte de la CNIL. Reste que, de l'aveu même des professionnels de l'immobilier, dans un contexte de crise du logement, (5).

① c'est un peu comme le cheval qui arrive avant son cavalier
② chacun instaure ce type d'action à sa manière
③ comme le prouve le cas de cette société épinglée
④ de quoi attirer agents immobiliers ou propriétaires effrayés
⑤ la mode des listes noires n'est pas près de passer
⑥ la propriété, c'est la formation
⑦ les informations doivent être mises à jour
⑧ les listes ne sont pas illégales

(08)

解説 (1) 過去に未払いの経験のある借家人のリストに関する話です。テーマになじみが薄いと思われますので、ていねいに読んでみてください。まず、「あなたの今後の借家人の、過去の賃貸借状況を確認する方法をご提案いたします」という業者の売込み文句から始まっています。次の（ 1 ）は少しむずかしいかもしれません。まず、空欄の直後に視線を落とすと、par la perspective d'un locataire insolvable「支払い能力のない借家人もいる可能性によって」とあります。この冒頭の par に注目しましょう。おそらく受動態ないしは過去分詞と連結するはずです。そこで選択肢のなかから、過去分詞で終わっている文を探すと、③と④にしぼられます。両者を入れてみて、より適切なのは④だとわかるでしょう。④ (De quoi attirer agents immobiliers ou propriétaires effrayés) par la perspective d'un locataire insolvable.「これ（このうたい文句）は、支払い能力のない借家人もいる可能性に、強い不安

感を覚える不動産業者や家主を引きつけるものである」となります。最初の De quoi の quoi は、前置詞とともに前文の文意をうける関係代名詞です。

(2) そのあと、支払い状況の悪い人の「ブラックリスト」がインターネット上に出まわっている旨が記されています。この現状に、CNIL という国の機関が、報告書で警鐘を鳴らした、とつづいています。(2) は、CNIL の法律部門の責任者の発言の冒頭に置かれています。空欄の直後に sous certaines réserves : [...]「一定の留保のもとに」とありますから、それに連結するのにふさわしい選択肢を選ぶと、⑧ (les listes ne sont pas illégales), sous certaines réserves : [...]「一定の留保はつくが、リスト自体は非合法ではない」となるでしょう。

(3) つづいて「留保条件」が記されていきます。まず、「そこに掲載された人々は、場合によっては記載内容に異議がとなえられるよう、その旨を知らされねばならない」のが第1点です。その直後に Et surtout (3).「そして、とくに (3)」とつづいています。したがって、さらに重要な留保条件が入ると推測できます。もっとも適切な選択肢は、⑦ les informations doivent être mises à jour「(そしてとくに) 情報は更新されていかねばならない」となるでしょう。

(4) CNIL の法律部門の責任者は、「未払い分をきちんと支払った者の名前は、リストからはずされるべきである」とくくっています。しかし、こうした留保条件は、「かならずしも守られてはいない義務」であるとつづき、そのあとに (4) がきます。ここでも、空欄の直後に par がつづいていることから、受動態で終わっている選択肢ふたつのうち、残った③を入れて全体を訳してみましょう。「支払い能力の低い借家人のファイルをこっそりと作成し、それを不動産業者に転売したかどで、CNIL に摘発され、かつ最近1万5千ユーロの罰金に処せられた、ある会社の例が示すように」とうまくつながります。

(5) 何年も前に支払い上のトラブルを起こしたことのある人が、今ごろこのブラックリストに載せられたのを知って CNIL に通報したために、この一件が明らかになったと話はつづきます。そして最後は、Reste que, de l'aveu même des professionnels de l'immobilier, dans un contexte de crise du logement, (5).「それでも、不動産を扱う専門家たち自身の証言によれば、住宅問題の危機という現状のなかにあっては (5)」としめくくられています。つまり、こうしたリストは簡単に消滅しないだろう、という主旨の文

が入るはずです。したがって、⑤ la mode des listes noires n'est pas près de passer「ブラックリストの流行がすたれることはおよそ考えられない」が正解だとわかるはずです。

解　答　(1) ④　(2) ⑧　(3) ⑦　(4) ③　(5) ⑤

練習問題3

次の文章を読み、（　1　）〜（　5　）に入れるのにもっとも適切なものを、右のページの①〜⑧のなかから1つずつ選び、解答欄のその番号にマークしてください。

En architecture, quel est l'élément le plus important ? Pour Michel Duplessis, c'est le contexte. Jusque dans les années 1990, être un architecte contextuel signifiait qu'on était quelqu'un qui n'inventait rien et se contentait de (　1　). Mais Michel Duplessis dit toujours qu'il s'agit plutôt de trouver la pièce manquante du puzzle et que c'est donner un sens à ce qui va perdurer en même temps que le travail qu'on fait. Quand il arrive dans un lieu donné, il se pose la question de savoir si le bâtiment qu'il va construire va produire un sens par rapport à ce que nous sommes aujourd'hui. C'est cela la vraie question. Pour lui, le principal élément du contexte est l'époque. Si l'on construit un espace, un édifice pour un certain temps, celui-ci va (　2　), de nos références, de nos obsessions à un moment donné.

Michel Duplessis est terrorisé par les villes où l'on construit n'importe quoi n'importe où. Il est effrayé aussi de voir qu'il y a des pouvoirs qui estiment qu'on peut fabriquer une ville en quinze ans. Il nous demande de (　3　). Même quand elles ont été dessinées par des architectes de talent, elles ont été des catastrophes. Aux yeux de Michel Duplessis, une ville ne se décide pas. Il est important de (4) en fonction de la continuité de son territoire, de sa géographie, de son histoire : bref, de sa culture. Les gens ne viennent pas de nulle part. Lorsqu'on veut fabriquer quelque chose, il faut donc (5). L'important est de considérer que la ville est dans un continuum et qu'elle ne cesse de se fabriquer.

① chercher à savoir ce qu'elle devrait être
② devenir le témoin de nos sensations
③ dupliquer ce qui avait déjà été fait
④ fréquenter un beau lieu ou un beau paysage
⑤ le faire à partir de ce passé-là, de ces racines-là
⑥ ne jamais savoir ce qu'il allait faire
⑦ regarder ce qui s'est passé avec les villes nouvelles
⑧ tenir compte d'un véritable hiatus

(09)

解 説 (1) 今回は、建築、とくに都市の建築において何が一番重要な要素となるか、に関する Michel Duplessis という建築家の見解が主題です。内容がかなり抽象的ですので、ていねいに論理を追う必要があります。さて、文頭で「建築において何が一番重要か」という問いがたてられ、それに対し Duplessis の答えは contexte「文脈」である点が紹介されます。この文全体が、この contexte を基軸にして構成されている点に注意してください。さて、(1) は、1990 年代まで、この contexte を重視してきた建築家が、周囲にどう見なされていたかを説明する文中にあります。それによると、「1990 年代まで、文脈を重視する建築家という存在は、なにも発明せず、(1) だけで満足している人を意味していた」ことになります。つまり、contexte を重視する建築家は、創造する能力がないという否定的なニュアンスが読み

取れます。この文の直後に Duplessis の反論がつづいていることも勘案すると、(1) には、建築家の資格を疑わせるような内容が入ると予測できます。したがって、③ dupliquer ce qui avait déjà été fait「既存のものをコピーする」がもっとも適切だと判断できます。

(2) ここの空欄に的確に答えるためには、第 1 段落で Duplessis が展開している contexte 論をよく理解する必要があります。彼は、ある場所に建築物を作る場合、その建物が、現在の私たちのあり方に対し、なんらかの意味を生みだすことが重要だと述べています。さらに、Pour lui, le principal élément du contexte est l'époque.「彼にとって、文脈 contexte を構成する主要な要素は時代である」と述べられています。つまり、現代の都市空間に新たな意味を付与し、かつその時代の空気を反映した建物こそが、contexte「文脈」を重視した建造物だ、という主張です。この主旨がわかり、かつ、(2) の直後に de nos références, de nos obsessions と de で始まる語群が並置されている点に気づけば、② devenir le témoin de nos sensations が適切だとわかるでしょう。つまり、Si l'on construit un espace, un édifice pour un certain temps, celui-ci va (devenir le témoin de nos sensations), de nos références, de nos obsessions à un moment donné.「もしある一定期間持続する空間なり建造物を作る場合、その空間ないし建造物は、ある時点における私たちの感覚や準拠や固定観念の証人（反映）となるだろう（なるべきだろう）」という意味だとわかります。

(3) 第 2 段落の冒頭で、近年の都市設計には、何をどこに建てるかに関する哲学が皆無であり、しかも、短期間で都市を作り上げる風潮を評価する役所が少なくないのも嘆かわしい、という Duplessis の批判が紹介されています。そのあと、Il nous demande de (3). Même quand elles ont été dessinées par des architectes de talent, elles ont été des catastrophes.「彼は (3) ように私たちに求めている。たとえそれら (elles) が才能ある建築家によって設計された場合でも、それらは大失敗に終わった」とつづいています。(3) の直後の文の主語 elles は、文脈から推定できるように、(3) のなかにふくまれているはずです。以上から、⑦ regarder ce qui s'est passé avec les villes nouvelles「新都市建設においてどのようなことが起こったのかをじっくり見つめる」が入ると判断できるでしょう。なお、elles が les villes nouvelles をうけていることは言うまでもありません。

(4) ここは、新都市建設の大失敗の根源的な原因を探っている部分です。

[I] 1次試験の傾向と対策　筆記試験 6

　まず、Aux yeux de Michel Duplessis, une ville ne se décide pas. という抽象的な内容をよく理解することが重要です。多少大げさに訳せば、「Michel Duplessis に言わせれば、都市というものは、みずからの運命をみずからきめるわけではない」となります。つまり、都市は自然発生的に形成されるのではない、都市の建設には人間の確固たる関与が不可欠である、という見解が表明されているのです。これをふまえると、（ 4 ）をふくむ文の内容が推測しやすくなります。Il est important de (4) en fonction de la continuité de son territoire, de sa géographie, de son histoire : bref, de sa culture.「都市の領域や地理、歴史の連続性、つまりはその文化の連続性にかんがみて、（ 4 ）が重要である」と記されていますから、① chercher à savoir ce qu'elle devrait être「都市がどうあるべきかを知ろうと努めること」がもっとも適切だと判断できるでしょう。たとえば、日本の京都に新しい建造物を建てる場合を考えれば、この主張はすんなり頭に入るでしょう。銀閣寺の近くに50階建ての超高層マンションを作るとしたら、それは京都という都市の空間的・時間的連続性を考慮しない蛮行だと言えるはずです。

　(5) 都市の建設にあたっては、地理的、歴史的、ひいては文化的な連続性をふまえつつ、その都市のあるべき姿を追求すべきだ、という主張のあと、Les gens ne viennent pas de nulle part.「住人たちはゼロの場所から来るわけではない」という、少しわかりにくい一文がつづきます。これは、都市の住人は、無色透明の存在ではない、彼らも、歴史的ないし文化的な連続性のなかに存在している、という意味です。また、（ 5 ）の直後の前半部分を見ると、やはり L'important est de considérer que la ville est dans un continuum [...].「重要なのは、都市がひとつの連続体の内にあると考えることだ」と述べられています。したがって（ 5 ）には、連続性ないしは連続性の根源を示唆する⑤がふさわしいと判断できるでしょう。つまり、Lorsqu'on veut fabriquer quelque chose, il faut donc (le faire à partir de ce passé-là, de ces racines-là).「なにかを作りたいときには、したがって、その過去、その根源にあたる部分を出発点として、それをおこなうべきである」となるわけです。

解答　(1) ③　(2) ②　(3) ⑦　(4) ①　(5) ⑤

練習問題 4

次の文章を読み、(1)〜(5)に入れるのにもっとも適切なものを、右のページの①〜⑧のなかから1つずつ選び、解答欄のその番号にマークしてください。なお、①〜⑧では、文頭にくるものも小文字にしてあります。

Les formules les plus sensées en apparence peuvent se révéler stupides. Il en va ainsi de ce slogan « travailler plus pour gagner plus ». Tout un chacun conviendra qu'en augmentant sa durée de travail on peut accroître son revenu. Mais est-il certain que (1) ? Un examen des PIB* dans les pays d'Europe montre que le niveau de revenu par personne est d'autant plus élevé que la durée de travail est faible. À l'échelle d'un pays, (2). Il y a donc une corrélation assez nette, mais contradictoire, entre la durée annuelle de travail et le revenu.

À l'évidence, le niveau technologique joue un rôle. C'est pourquoi la Grèce, qui a un niveau technologique inférieur à la moyenne, a un revenu par habitant plus faible. Cependant, (3) entre des pays dont les niveaux techniques sont proches. C'est la quantité de travail fourni par la société dans son ensemble. En effet, les pays qui affichent le niveau de prospérité le plus élevé sont ceux dont (4). Cet indicateur, qui rapporte le nombre de personnes qui travaillent au nombre de personnes en âge de travailler, mesure l'accès de la population au travail. Et il est d'autant plus élevé que le taux de chômage est faible et que le pourcentage de femmes, de jeunes et de seniors en emploi est fort.

(5) de ceux qui souhaiteraient des durées plus courtes

sur la semaine ou l'année, tels que les jeunes qui suivent une formation, les seniors qui ressentent la fatigue des ans ou les couples qui souhaitent consacrer plus de temps à leurs enfants. Ce n'est donc pas par des incitations aux heures supplémentaires que la France élargira l'accès à l'emploi du plus grand nombre, mais en offrant des emplois du temps et des durées de travail mieux adaptés aux souhaits et aux besoins de chacun.

*PIB：国内総生産

① ce n'est pas cela qui fait la différence
② ce qui marche pour un individu vaut pour tout un pays
③ la création d'emplois peut au contraire augmenter la durée annuelle de travail
④ la différence devient chaque année de moins en moins évidente
⑤ la quantité de travail ne correspond pas forcément à la population
⑥ le maintien d'une durée de travail élevée risque de limiter l'accès à l'emploi
⑦ les taux d'emploi sont les plus élevés
⑧ moins on travaille, plus on gagne

(10)

[解説] (1) 労働時間と収入との関係を、一国のレベルで見た場合、常識的な見解がくつがえされる、という新しいものの見方を教えてくれる論説文です。論理的展開をきちんとおさえてのぞみましょう。まず（ 1 ）の前後の文の大意をとっておきましょう。「一見ひじょうに理にかなっていると思われる文言が、じつに馬鹿げているとわかる場合がある。たとえば、《働

けば働くほど、稼ぎも多くなる》というスローガンはその典型だ。自分が働く時間をふやせば、それだけ収入もふやせる、という点ではだれもが合意できるだろう。だが、（　1　）というのは確かなのだろうか。ヨーロッパ各国の国内総生産を精査してみると、ひとりあたりの収入水準は、労働時間が短ければ短いほど、より高くなることが判明しているのだ」と記されています。（　1　）の前後では、明らかに議論の方向性が逆になっています。個人レベルの話なら、《働けば働くほど、稼ぎも多くなる》というスローガンは正しいが、一国全体のレベルで見ると、この「公式」は該当しないというわけです。したがって、話を転換させる内容をふくんだ選択肢②「一個人について言えることが、一国全体にもあてはまる」（というのは確かだろうか？）が正解となります。

(2)（　2　）をふくむ文とその前後を読んでみましょう。「一国レベルでは、（　2　）。したがって、年間労働時間と収入との間には、かなり明確だが相反する相関関係が存在する」とあります。個人レベルと一国レベルとでは、適用できる「公式」がことなる、言いかえれば、前者では《働けば働くほど、稼ぎも多くなる》というスローガンが通用するが、一国レベルでは逆になる、というわけで、これを「相反する相関関係」と呼んでいるわけです。したがって、逆のスローガンをうたった⑧を入れると整合性がとれます。「一国レベルでは、働かなければ働かないほど、収入が増加する」となるわけです。

(3) 第2段落では、科学技術のレベルという観点が導入されています。まず、あたりまえの話から。「明らかなことだが、科学技術のレベルが一役買っている。だからこそ、平均よりも技術レベルの低いギリシアでは、住民ひとりあたりの収入は低い」とあります。一国の技術レベルが低いと収入も低くなるというわけです。ところが、ここから議論は別の方向に展開していきます。「しかしながら、技術レベルが接近しあっている国々の間では、（　3　）。重要なのは、社会が全体として提供できる仕事の量である」というわけです。どうやら、技術力がほぼ同等なら、社会全体が供給できる仕事量で、収入レベルがきまる、という話の展開が見えてきます。そこで、選択肢①を入れると正解に達すると見当がつきます。Cependant, (ce n'est pas cela qui fait la différence) entre des pays dont les niveaux techniques sont proches. 「しかしながら、技術レベルが接近しあっている国々の間では、それ（技術レベル）が違いを生みだすのではない」となるわけです。

(4) 前問とも関連している箇所です。（　4　）の前後をまとめておきまし

ょう。「実際、もっとも高い繁栄レベルを誇っている国々は（　4　）。この指標は、労働可能な年齢層のうちで実際に働いている人口から割り出され、国民がどれだけ仕事につきやすいかを示している。当然、失業率が低いほど、また働いている女性、若者、年配者の率が高いほど、この指標も高くなる」とあります。「労働可能な年齢層のうちで実際に働いている人口から割り出される」指標とは、当然、就職率を指していると判断できるでしょう。したがって、正解は⑦となります。すなわち、繁栄度がもっとも高いのは、ceux dont (les taux d'emploi sont les plus élevés)「就職率がもっとも高い国々」だとなります。

(5) 第3段落の後半をまず読んでみましょう。「したがって、フランスが最大多数の人間に仕事を提供するには、残業を勧めることによってではなく、個人の願望や必要によりよく適応したタイムスケジュールや労働時間を、うまく提供することによって可能となる」わけです。短時間しか働けない人にも就労可能な制度を構築すれば、社会全体の仕事量が結果としてふえる、というわけです。それに見合った内容が、前半にも記されていると見当をつければ、⑥がもっとも適切だとわかるでしょう。(Le maintien d'une durée de travail élevée risque de limiter l'accès à l'emploi) de ceux qui souhaiteraient des durées plus courtes sur la semaine ou l'année, tels que les jeunes qui suivent une formation, les seniors qui ressentent la fatigue des ans ou les couples qui souhaitent consacrer plus de temps à leurs enfants.「長い労働時間を維持しつづけると、たとえば、研修中の若者や、長年の疲れを感じやすいシニア世代や、子どもたちにより多くの時間を費やしたいと願うカップルのように、週単位ないし年単位での労働時間をより短くしたいと願う人々が、仕事につくことを制限してしまう危険がある」となるわけです。

解 答　(1)②　(2)⑧　(3)①　(4)⑦　(5)⑥

練習問題5

次の文章を読み、（　1　）～（　5　）に入れるのにもっとも適切なものを、右のページの①～⑧のなかから1つずつ選び、解答欄のその番号にマークしてください。なお、①～⑧では、文頭にくるものも小文字にしてあります。

« Je me sens bien ici. À vrai dire, je ne me verrais pas ailleurs. » Marie-Hélène, 78 ans, le dit comme en s'excusant, consciente d'aller à l'encontre des idées reçues sur la banlieue. Elle vit depuis 45 ans dans un quartier que la politique de la ville désigne comme l'un des plus déshérités de France. Marie-Hélène n'est d'ailleurs pas la seule à dire du bien de ce quartier que (1) : l'habitat social, la concentration de situations de pauvreté, la monotonie des immeubles qui se suivent et se ressemblent.

C'est pourquoi (2) au chevet de cette cité de 9 000 âmes construite à la fin des années 1950 pour accueillir les rapatriés d'Afrique du Nord, désormais lieu de résidence d'une population précarisée, à forte minorité étrangère, engluée dans le chômage.

« Malgré ces difficultés, quand on discute avec les gens, pour rien au monde ils ne veulent quitter ce quartier ! » Yannick Abong, délégué du préfet dans le quartier, dresse ce constat et s'en étonne. (3) de celle des autres ensembles de la région. « Il n'y a pas trop de soucis sur le plan de la sécurité. C'est un quartier à forte identité, où l'on ne se contente pas de loger mais où l'on se rencontre, se connaît. Les années 1990 y ont été mouvementées. Mais depuis, (4), à l'exception d'une voiture brûlée de temps à autre. Il y a, d'ailleurs, un réseau d'associations extrêmement dense. Tous secteurs confondus, (5). Cause ou conséquence de l'attachement au quartier ? En tout cas, un cercle vertueux s'est installé », remarque le délégué du préfet.

① la municipalité se montre fière
② la situation lui semble très différente
③ la situation reste tendue
④ les choses se sont calmées
⑤ on en dénombre une centaine
⑥ tout devrait inciter à fuir
⑦ toute la politique de la ville se penche
⑧ tout le monde s'accorde à admirer

(11)

解 説 （1）都市郊外の治安が悪いとされる町に対し、居住民が強い愛着をいだいているケースが紹介されています。まず、郊外に住む老夫人の発言が紹介されます。« Je me sens bien ici. À vrai dire, je ne me verrais pas ailleurs. »「ここは居心地がいいのよ。本当の話、ほかの場所に住むなんて想像できないわ」。彼女の発言に象徴されるように、一般にフランス人が大都市郊外にいだく紋切り型のイメージと、住民がいだく居住地区への愛着とのコントラストが、第1段落の基調をなしています。（ 1 ）の前後にもこの対照性が反映しています。Marie-Hélène n'est d'ailleurs pas la seule à dire du bien de ce quartier.「それにこの地区を評価するのはMarie-Hélèneのみではない」と記され、（ 1 ）の直後のdeux-points（：）以下には、l'habitat social, la concentration de situations de pauvreté, la monotonie des immeubles qui se suivent et se ressemblent.「社会的な居住条件（の悪さ）、低所得者層の集中、連綿と連なる無表情な建物群がおりなす単調さ」とつづいています。さて、（ 1 ）は関係代名詞queの直後ですから、先行詞ce quartierにうまく連結する選択肢を選ばねばなりません。ここでdeux-pointsのあとには、敷衍的な説明や具体例の列挙がくる点に注意すれば、悪条件を示唆する⑥ ce quartier que (tout devrait inciter à fuir)「とにかく逃げ出したくなるような地域」が正解だとわかります。

（2）第2段落は、C'est pourquoi（ 2 ）「だからこそ（ 2 ）」と、前段落の（とくに直前の）内容を補足する表現で始まっています。ここでau chevet de 〜「〜の枕元で」という病人の看病を喚起する表現に注目しまし

ょう。都市の深刻な問題をかかえる人々に（行政が）神経を集中させる内容と関連する、と見当がつくからです。すると、⑦ (toute la politique de la ville se penche) au chevet de cette cité「行政は全神経をこの地区に集中させている」が正解だとわかります。段落後半では、この地域が北アフリカからの復員たちを受け入れるために1950年代に建設されたこと、今では外国人の少数民族もふくめ、失業にあえぐ不安定な住民層が居住していること、などが明らかにされています。

(3) 第3段落冒頭では、行政担当者のYannick Abong氏が、さまざまな困難にもかかわらず、住民はだれひとりこの界隈を離れたがらない、と驚いています。そのあと、(3) de celle des autres ensembles de la région.「同地域の他の場所のそれとは（ 3 ）」とつづいています。ここは文法的に詰めるのが賢明でしょう。前置詞のdeにつながる選択肢は①ないし②しかありません。しかも代名詞celleの内容にもかんがみると、②が正解だと見当がつきます。つまり、(La situation lui semble très différente) de celle des autres ensembles de la région.「状況は、彼には、同地域の他の場所のそれとはずいぶんことなるように思われる」となるわけです。

(4) Yannick Abong氏のコメントがつづきます。この界隈では治安上の心配はほとんどない、また、住民の帰属意識が強く、ただ物理的に住んでいるのみならず、たがいに強い絆で結ばれている、という主旨の発言があり、なるほど1990年代には問題も多かった、Mais depuis, (4), à l'exception d'une voiture brûlée de temps à autre.「しかしそれ以降、ときどき車が燃やされるのを別にすれば（ 4 ）」とつづきますから、④ les choses se sont calmées「事態は沈静化した」が正解だとわかります。

(5) Yannick Abong氏の説明がさらにつづきます。Il y a, d'ailleurs, un réseau d'associations extrêmement dense.「そのうえ、ひじょうに緊密な団体的ネットワークが存在している」のが地域の長所です。そしてTous secteurs confondus, (5).「すべての分野を合わせると、（ 5 ）」とつづきます。残った選択肢のなかでもっとも適切なのは、⑤ on en dénombre une centaine「その数は100ほどにものぼる」が正解だとわかります。

解 答 (1) ⑥　(2) ⑦　(3) ②　(4) ④　(5) ⑤

7　2ページ目にはみだすこともあるかなりの長文を読み、その後に提示された6つの文の内容が問題文の内容に一致しているか否かを判断する問題です。

　長い文全体の論旨を的確に把握することがなによりも重要ですが、同時に、選択肢の短文の意味をも正確につかみ、判断の根拠となる箇所をすばやくみつけられるか否かもポイントになります。受験技術的な話になりますが、先に選択肢の6つの文を読んでおくほうが賢明でしょう。言うまでもありませんが、新聞や雑誌の比較的長い記事を、短時間で読み理解する訓練を積むように努める必要があります。たとえば雑誌1ページの記事を、辞書をひかずに2回ほど速読したのち、重要なポイントをフランス語で箇条書きにしてみる訓練などは、この問題の対策にはきわめて有効だと言えます。さらに、記事の内容を10行、5行、2行、1行、最後はひと言でまとめてみる（日本語で、次いでフランス語で）という訓練もひじょうに役立つはずです。

　レベルの高い記事や論説文などは、枝葉を落としていけば、実質的には、ひとつの「命題（テーズ）」を扱っています。ですから、その「命題」すなわち文章の核心さえつかんでしまえば、何語で要約することも可能なはずです。この点をわきまえて、文章を熟読し長短に自在にパラフレーズする訓練は、外国語による思考訓練としてもすぐれています。語学は、「チーチーパッパ」のレベルを脱してからがおもしろい理由も、このあたりにあります。「他者」の思考をかみくだく知的鍛錬は、精神的な豊かさにかならずつながるからです。

練習問題1

　次の文章を読み、右のページの(1)〜(6)について、文章の内容に一致する場合は解答欄の①に、一致しない場合は②にマークしてください。

L'euro est par définition une monnaie baladeuse. Depuis janvier 2002, trois équipes de chercheurs, issues de l'Institut national d'études démographiques (INED) et du CNRS, étudient l'origine des pièces détenues par les Français. Ces études permettent de mieux connaître les flux touristiques, de repérer les régions reliées avec les pays européens, voire d'anticiper la circulation des épidémies.

Plus de cinq ans après la création de l'euro, l'effet de frontière demeure fort : les pièces belges sont fortement présentes dans les porte-monnaie des habitants du nord de la France, tout comme les pièces italiennes dans le Sud-Est et les pièces allemandes dans les régions de l'Est. En revanche, les pièces espagnoles sont présentes partout, même si l'on exclut du décompte les pièces de 50 centimes à l'effigie de Cervantès, distribuées massivement en France dès 2002. « C'est l'effet corridor », explique Claude Landgras, géographe à l'université Paris IV. « En Europe, la circulation Nord-Sud domine. Lorsqu'une personne du nord de l'Europe va en Espagne, elle laisse des pièces belges, néerlandaises ou allemandes en France à l'aller, et des pièces espagnoles au retour ».

Selon le géographe, les pièces européennes investissent trois types de régions : les zones frontalières, où les contacts sont fréquents, mais limités dans l'espace ; les métropoles urbaines, où les voyages sont moins fréquents, mais d'où les pièces ne repartent pas aussi vite ; les zones touristiques, qui attirent beaucoup de monde, mais seulement une fois par an.

La répartition des euros présente en outre quelques particularités régionales. Si on n'observe pas, en Île-de-France, davantage d'euros européens que dans les autres régions françaises, on y trouve plus de pièces rares, frappées en Finlande ou en Grèce. Les pièces des Pays-Bas se retrouvent souvent à la campagne, les touristes néerlandais ayant tendance à séjourner dans les campings.

« Le mélange ne sera jamais parfait, les banques centrales mettant régulièrement sur le marché de nouvelles pièces nationales », ajoute Claude Landgras. Avec ses collègues, il se félicite d'avoir montré plus de clairvoyance que les mathématiciens qui avaient prévu un mélange rapide, mais avaient « négligé le fait que les pièces arrivées dans un pays sont susceptibles de se perdre, de repartir ou d'être emportées dans un pays extérieur à la zone euro », explique le géographe.

(1) Contrairement aux mathématiciens, les géographes se montraient plutôt sceptiques sur l'idée d'un mélange rapide des pièces européennes.

(2) La distribution massive de pièces de 50 centimes à l'effigie de Cervantès ne justifie pas à elle seule la forte présence des pièces espagnoles sur le territoire français.

(3) La répartition régionale des euros confirme la tendance à la diminution de l'effet de frontière.

(4) Le fait qu'on trouve en Île-de-France plus de pièces rares que dans les autres régions françaises s'explique par l'effet corridor.

(5) Le mélange des euros peut être favorisé par le fait que les pièces arrivées dans un pays sont susceptibles d'être emportées à l'extérieur de la zone euro.

(6) Même si les voyages y sont moins fréquents, les pièces européennes tendent à s'accumuler dans les métropoles dans la mesure où elles tardent à en repartir.

(07)

解説 国ごとにことなったデザインで鋳造されるEUの通貨ユーロ（euro）の流通の動きから、観光客の流れや関係の深い国、ひいては伝染病の伝播経路まで予測できるという内容です。とくにフランス人が保有するユーロ硬貨の出所（つまり鋳造した国）を調べると、EU内での人間の動きにくわえて、特定の貨幣の流通状況もわかるという興味深い分析がなされています。

(1)「数学者とは反対に、地理学者たちは、ヨーロッパ貨幣が迅速に混じり合うという見解に懐疑的であった」という内容の文です。最後の段落を読むと、貨幣の迅速な混合を主張した数学者たちは、いくつかの重要な要素を見落としていた、と記されていますから、本文の内容に一致します。

(2) セルヴァンテスの肖像を打った50サンチーム硬貨が2002年にフランスで大量に供給されたのは事実だが、それだけでは、スペインの硬貨がフランス国内で大量に出まわっていることを説明できない、という内容の文です。第2段落を読むと、この50サンチーム硬貨を計算からはずしても、スペインの硬貨はフランス全土で多く見いだせると記されています。地理学者Claude Landgrasによると、これは、「南北間の往来」が、人々の流れの主流を占めていることに起因するようです。Landgrasは、北方の国々の人々がスペインからの帰りに、その硬貨を落としていく「回廊効果」に起因する現象である、と説明しています。したがって、(2)は本文の内容に一致しています。

(3) ユーロの地域的分布を見ると、国境は硬貨の流通に大きな影響をあたえていない、という内容の文です。しかし、第2段落の冒頭から数行を読むと、ベルギーの硬貨はフランス北部に、イタリアの硬貨は南東部に、そしてドイツの硬貨は東部に多く見いだせると記されています。つまり、[...] l'effet de frontière demeure fort「国境の影響は強く残っている」わけで、本文の内容とは一致しません。

(4)「フランスの他の地方とくらべて、イル＝ド＝フランス地方にめずらし

いユーロ硬貨がより多く見いだせる事実は、回廊効果によって説明できる」という意味の文です。第4段落を読むと、イル゠ド゠フランス地方には、EU 内の他国の硬貨が他地方にくらべてとくに多くみつかるわけではないが、フィンランドやギリシアで鋳造されためずらしい硬貨は他にくらべて多い、と記されています。ギリシアは南の国ですが、おもにスペインと北欧の間の往来を根拠とする「回廊効果」とは無関係です。むしろ、遠方からの旅行者が集まりやすい大都会の特徴である、というニュアンスが行間から感じ取れます。したがって、この文は本文の内容に一致しません。

(5) ある国に入ったユーロ硬貨が、EU 圏外に運ばれることで、ユーロ硬貨の混合が進む、という主旨の文です。最終段落の地理学者の指摘によれば、ある国に入ったユーロ硬貨は、国内での紛失やユーロ圏外への（再）流出などが原因となって、迅速に混合が進みにくいとされています。したがって、本文の内容とは一致しません。

(6) 主要都市では、旅行客の数はけっして多くはないが、各国のユーロ硬貨がふたたび別のユーロ圏に流出しにくい傾向があるため、そこにとどまりやすい、という主旨の文です。これとほぼ同じ指摘が第3段落にそのままみつかるので、本文の内容に一致します。

解 答 (1) ①　(2) ①　(3) ②　(4) ②　(5) ②　(6) ①

練習問題 2

次の文章を読み、右のページの(1)〜(6)について、文章の内容に一致する場合は解答欄の①に、一致しない場合は②にマークしてください。

Sous l'effet du réchauffement climatique, d'ici à la fin du siècle, la calotte glaciaire* de l'Arctique pourrait disparaître durant la période estivale. Le scénario atterre les scientifiques, mais exacerbe déjà les tensions entre les États riverains. C'est la Russie qui, la première en 2007, a envoyé une mission militaire et scientifique pour planter son drapeau à 4 200 mètres sous l'eau. La même année, différents pays, dont le Canada, les États-Unis, le Danemark, ont envoyé leurs troupes vers la banquise. En effet les appétits y sont grands : le pôle Nord abriterait un quart des réserves mondiales de pétrole et de gaz.

 Quant à la revendication territoriale sur le Pôle, le Canada a été le premier à la formuler en 1925. Une proclamation théorique, restée lettre morte. Depuis, il s'en est suivi diverses revendications et proclamations. En 1982, la Convention des Nations unies sur le droit de la mer a défini le terme « plateau continental », qui, selon elle, comprend les fonds marins et leur sous-sol « jusqu'au rebord externe de la marge continentale », et les pays côtiers peuvent exercer des droits souverains sur le plateau continental aux fins de son exploration et de l'exploitation de ses ressources naturelles. Mais pour obtenir ces prérogatives, il faut déposer une demande aux Nations unies et prouver que la zone concernée est bien le prolongement du territoire initial. Ayant ratifié la Convention en 1997, la Russie a été le premier pays à déposer en 2001 sa demande concernant entre autres la zone autour de l'Arctique. En examinant cette demande, la Commission des Nations unies a conclu que les données fournies par Moscou ne suffisaient pas. L'expédition russe de 2007 avait donc pour but de préciser les limites de ce fameux plateau continental.

 Le Canada, lui, est particulièrement concerné par les prérogatives sur le passage du Nord-Ouest. Mythique pendant des siècles, cette voie sinueuse relie l'Atlantique au Pacifique, faisant gagner environ 5 000 kilomètres entre l'Europe et l'Asie par rapport à l'itinéraire empruntant le canal de Suez. Le

Canada affirme qu'elle appartient à ses « eaux intérieures historiques ». Les États-Unis soutiennent qu'il s'agit d'un détroit international, vision partagée au sein de l'Union européenne. À terme, la disparition des glaces risque de transformer le passage en autoroute commerciale, envoyant par le fond la souveraineté du Canada sur cette zone.

　Tandis que la glace fond, les tensions montent dans l'Arctique.

*calotte glaciaire：氷床

(1) Emprunter le passage du Nord-Ouest réduit d'à peu près 5 000 kilomètres l'itinéraire entre l'Europe et l'Asie.

(2) En ce qui concerne les prétentions canadiennes sur le passage du Nord-Ouest, les pays de l'Union européenne ne sont pas opposés aux États-Unis.

(3) En 2007, plusieurs États riverains de l'océan Arctique ont mis en œuvre une exploitation du pétrole et du gaz de cette zone.

(4) La Commission des Nations unies n'a pas reconnu d'emblée la légitimité des revendications de la Russie sur la zone arctique formulées en 2001.

(5) La Convention de 1982 a déterminé l'étendue du plateau continental qui appartient à chacun des pays côtiers.

(6) Le Canada a tiré beaucoup de profits de sa proclamation territoriale sur le Pôle formulée en 1925.

(08)

解説　北極圏に眠る地下資源をめぐって、沿岸の国々が領有権争いをしてきた経緯を、歴史的にふりかえるという内容です。話が少し複雑なので、要点を整理しながら読む必要があります。

(1) 第3段落で、北極圏を北西に結ぶ通路は、スエズ運河を利用するよりも、ヨーロッパとアジアとの距離をおよそ5千キロ縮めると言われています。したがって、この(1)の文の内容は本文に一致します。

(2) おなじく第3段落で、カナダは、北極圏を北西に結ぶ通路は、自分たちの「歴史的な国内的水路」であると主張している旨が記されています。一方、米国はこれを国際的な海峡であると主張し、EUもそれに同調している、と明記されています。したがって、この問題で「ヨーロッパ連合の国々が合衆国とは対立していない」とするこの文は、本文の内容に一致します。

(3) 第1段落を読むと、2007年にロシアが軍事的・学術的な使命をおびた使節団を派遣し、海底4,200メートルの位置に国旗を打ち込んだことがわかります。さらに、同年、カナダ、合衆国、デンマークなどの沿岸国が、部隊を派遣したと明記されています。各国がこのように触手をのばすのは、[...] le pôle Nord abriterait un quart des réserves mondiales de pétrole et de gaz「北極が、石油と天然ガスの世界の備蓄量の4分の1を蔵している可能性があるから」です。(3)の文では、「2007年に、いくつかの沿岸国がすでにこの圏内の石油やガスの開発を始めた」と述べていますから、本文の内容には一致しません。abriterait「蔵しているだろう」という推測の条件法が使われていることに注意してください。

(4) 第2段落を読むと、1982年の国連での取り決めにもとづいて、ロシアが自国領と見なす大陸棚に関して国連の特別委員会に申し立てをおこなったと記されています。ところが、それを検討した委員会は、モスクワが提出したデータは不十分だと判断したと述べられています。したがって、「国連の委員会は、ロシアの要求の正当性を即座に認めなかった」とするこの文は、本文の内容に一致しています。

(5)「1982年の協定（取り決め）」は、沿岸国の各々に属する大陸棚の範囲

を決定した」という文です。ところが本文の第2段落の最初には、この協定は、「『大陸棚』という表現の定義をおこなった」としか記されていません。したがって、本文の内容には一致しません。これは、かなり正確な読みを要求される設問です。

(6) 第2段落の冒頭には、1925年にカナダが北極は自国の領土だと宣言したものの、これは形のうえだけの死文に終わった、と記されています。一方、(6)の文は、「カナダが、北極を自国領と見なすという宣言により、多くの利益をあげた」と結論していますので、本文の内容とは矛盾します。

解 答 (1) ①　(2) ①　(3) ②　(4) ①　(5) ②　(6) ②

練習問題3

次の文章を読み、右のページの(1)～(6)について、文章の内容に一致する場合は解答欄の①に、一致しない場合は②にマークしてください。

Désormais, les vacanciers d'Usedom ne se heurtent plus à un grillage et des fils barbelés, en plein milieu de la plage. Jusqu'ici, sur cette île de la mer Baltique, la frontière germano-polonaise était tracée dans le sable. Lorsque les accords de Schengen sont entrés en application en Pologne, la grille est tombée, mettant nez à nez les deux côtés de l'île. Or les très catholiques Polonais n'apprécient guère le goût prononcé de leurs voisins allemands pour le naturisme. Autorisé du côté allemand de la plage, puni d'amendes colossales pour « attentat à la pudeur » par la loi polonaise de l'autre côté, le naturisme change radicalement de statut en quelques mètres d'une frontière devenue invisible.

« Ici, dans l'est de l'Allemagne, le naturisme est une véritable tradition qui a survécu à la chute du Mur. Ce n'est plus aussi intensif que du temps de la République démocratique allemande, où le régime communiste était très favorable à cette pratique, mais nous avons gardé nos plages », explique le directeur local du tourisme. Bref, c'est la version germano-communiste de la maxime « un esprit sain dans un corps sain ». « J'ai peu de compréhension, ajoute-t-il, pour ceux qui critiquent le naturisme, surtout quand leurs arguments sont ceux de l'Église. C'est comme ça que Dieu nous a faits et je ne comprends pas pourquoi ils sont tellement coincés. »

En Pologne, en revanche, la nudité est encore un grand tabou. Pour les Polonais, « c'est inhabituel et c'est contraire à nos traditions », dit un père de famille qui refuse catégoriquement d'emmener ses enfants côté allemand, de peur de les exposer à la nudité. « C'est absolument contre-nature », renchérit un élu du parti Droit et justice. Il assimile la pratique du naturisme aux péchés condamnés par l'Église catholique et il préconise des mesures pour protéger la pudeur polonaise : éloigner la plage naturiste de la frontière et installer des panneaux de grand format à destination des promeneurs non-avertis.

(1) Dans la République démocratique allemande le naturisme était une pratique seulement tolérée par le régime.

(2) Désormais le naturisme est autorisé des deux côtés de la frontière à Usedom.

(3) Les arguments des Polonais qui s'appuient sur la position de l'Église catholique ont du poids pour les Allemands.

(4) Les Polonais jugent contraire à leurs traditions d'être nus sur la plage.

(5) Sur l'île d'Usedom la frontière entre l'Allemagne et la Pologne n'est plus tracée visiblement.

(6) Un élu polonais considère le naturisme comme un péché contre-nature.

(09)

解説 今回はシェンゲン協定の発効により、バルト海に浮かぶ Usedom（ウーゼドム）島の海水浴場で起きた、倫理的、宗教的な見解の相違に端を発する「騒動」が取り上げられています。島の西側はドイツ領、東側はポーランド領です。ちなみに、シェンゲン協定は、EU 域内の協定加盟国国境でのパスポート審査の廃止、国境管理の協力、共通ビザの発行等による、EU 域内の人の移動の自由化などを主たる目的として締結されたものです。

(1) 設問文には「旧東ドイツでは、ヌーディスムは、当局が黙認しているにすぎない実践であった」とあります。ところが、本文の第 2 段落の上から 4～5 行目あたりには、[...] le régime communiste était très favorable à cette pratique「共産党体制はこの実践に好意的であった」とあり、また、「健康な肉体には健康な魂（が宿る）」というスローガンのもとに実践されていた、という記述もみつかりますので、この設問文は本文の内容と一致していません。

(2) 第 1 段落の後半を読むと、「ヌーディスムはドイツの海岸では許されているが、もう一方のポーランド側の法律では、『公然猥褻罪』« attentat à la pudeur » のかどで、巨額の罰金刑に処せられる」と明記されています。したがって、「以後、ウーゼドム島の国境の両側で、ヌーディスムは許可される」という設問文は、本文の内容と一致していません。

(3) 第 2 段落の後半部分で、ドイツの現地観光当局者は、「ヌーディスムを批判する人々の見解は理解に苦しみます。とくにその議論が教会の論拠に準じている場合はなおさらです。神はこのように私たち人間を創造なさったの

だから（裸の状態で人間を創造したことを指す）、どうして彼らがあれほど窮屈な考え方をするのか私にはわかりかねます」と述べています。したがって、「カトリック教会の立場に依拠したポーランド人の論拠は、ドイツ人にも重視されている」という設問文は、本文の内容とまったく両立しません。

(4) 本文のあちこちに、敬虔なカトリック教徒の多いポーランド人は、浜辺でのヌーディスムを好ましく思っていない、という主旨の文がみつかります。とくに顕著なのは、第3段落の最初で紹介されている、ひとりの父親の見解で、それによると「ヌーディスムは尋常ではないし、我々の伝統にも反している」ことになります。したがって、「ポーランド人は、浜辺で裸になることを、自分たちの伝統に反すると考えている」という設問文は、本文の内容と一致しています。

(5) 本文の冒頭はこう始まっています。Désormais, les vacanciers d'Usedom ne se heurtent plus à un grillage et des fils barbelés, en plein milieu de la plage.「今後、ウーゼドム島を訪れる行楽客は、海水浴場のど真ん中で、金網の柵や有刺鉄線にぶつかることはないだろう」。また、第1段落の最後にも、une frontière devenue invisible「不可視となった国境線」とあります。第1段落全体を読めば、昔はあった可視の境界線が、もはや消滅したことがよくわかります。したがって「ウーゼドム島では、ドイツとポーランドの国境線はもはや目に見える形で引かれてはいない」という設問文は、本文の内容と一致します。

(6) 本文の第3段落の後半部分を読むと、ポーランドの国会議員の見解が紹介されています。議員は「ヌーディスムは自然に完全に反している」と断じており、しかも「彼は、ヌーディスムの実践を、カトリック教会が糾弾している罪のひとつと見なしている」とも記されています。したがって「あるポーランドの国会議員は、ヌーディスムを反自然の罪だと考えている」という設問文は、本文の内容と一致します。

解　答　(1) ②　(2) ②　(3) ②　(4) ①　(5) ①　(6) ①

練習問題 4

　次の文章を読み、右のページの(1)〜(6)について、文章の内容に一致する場合は解答欄の①に、一致しない場合は②にマークしてください。

Comme chaque année, l'association « FraterSolidarité » publie les chiffres des dons déclarés par les Français aux impôts en 2007. À raison de 280 euros en moyenne, 6 millions de foyers soumis à l'impôt sur le revenu ont ainsi contribué à un total de 1,7 milliard de dons. Soit une légère hausse (+ 3 %), après un pic exceptionnel fin 2004, dans le sillage du tsunami (+ 20 %), puis une relative stagnation en 2005 et 2006.

Autres enseignements de cette étude : les dons se concentrent le long d'une « diagonale de la générosité » qui va du Sud Ouest au Nord-Est. Avec près d'un contribuable imposable sur trois ayant déclaré un don en 2008, l'Alsace, par exemple, devance ainsi nettement la moyenne nationale.

Toutefois, avec un donateur sur quatre personnes interrogées, la France reste à la traîne de l'Espagne ou de l'Allemagne, dont la culture caritative est par ailleurs à peu près similaire. Une tendance qui pourrait évoluer avec l'arrivée de nouveaux donateurs, plus jeunes. « C'est la première fois que le nombre des moins de 40 ans augmente au détriment des 70 ans et plus », explique Jeanne Ménager, présidente de « FraterSolidarité ».

Deux pistes sont explorées par les associations pour tenter d'« accrocher » de nouveaux publics. D'abord, le don en ligne. La culture caritative sur Internet, plus réactive, attire les plus jeunes. « Certaines entreprises proposent maintenant aux associations des portails Internet intuitifs et performants : on donne en quelques clics, avec un reçu fiscal à la clé ! », ajoute la présidente. S'ils restent pour l'heure marginaux (moins de 5 % du total des dons en 2008), les dons en ligne devraient ainsi peu à peu monter en puissance.

 Ensuite les associations importent des méthodes très en vogue dans les pays anglo-saxons comme le « street-marketing » ou démarchage dans la rue. Des équipes de jeunes salariés, de plus en plus nombreuses dans les centres-villes, vont ainsi au-devant des passants, avec une tenue clairement identifiable — badge ou tee-shirt portant le logo de l'organisme. Ces brefs échanges avec les donateurs potentiels permettent aux associations d'enrichir leur fichier de contacts en relevant l'adresse mail ou le numéro de mobile des personnes abordées.

(1) Avec la récente évolution de la structure par âge des donateurs, la France pourrait rejoindre l'Allemagne et l'Espagne.

(2) En 2007, le bilan annuel des dons déclarés par les Français imposables n'a pas dépassé 1,5 milliard d'euros.

(3) En France, la somme moyenne des dons faits par chaque foyer imposable sur le revenu est de 280 euros en 2007.

(4) En matière de dons, les Alsaciens sont en moyenne moins généreux que les Français dans leur ensemble.

(5) Les dons en ligne, encore embryonnaires, semblent être promis à un bel avenir.

(6) Les nouvelles méthodes venues de l'étranger permettent

aux associations françaises de recueillir des informations personnelles sur de futurs donateurs.

(10)

解説 今回は寄付金や義援金を集めている « FraterSolidarité » という協会の活動の報告を通して、フランス人の la culture caritative「慈善文化」における動向とその変化、ならびに新たな集金方法の開発などが話題となっています。調査は、課税対象者の申告をもとにおこなわれている点に注意してください（第1段落を読めば詳細がわかります）。

(1) 設問文には「寄付をする人たちの年齢構成が最近変化してきたので、フランスはドイツやスペインに追いつくことができるだろう」とあります。本文の第3段落の前半には、「フランスはドイツやスペインに遅れをとったままである」との記述が見いだせますが、同じ段落の後半には「寄付者は70歳以上では減っているが、40歳以下では初めて増加している」との協会責任者の発言が紹介されており、さらに、Une tendance qui pourrait évoluer avec l'arrivée de nouveaux donateurs, plus jeunes.「このような傾向（ドイツやスペインの後塵を拝する傾向）は、より若い新たな寄付者の到来によって変化していくだろう」とも記されていますので、本文の内容と一致しているとわかります。

(2) 設問文には「課税対象となるフランス人が2007年に申告した寄付金の年間総額は15億ユーロを超えなかった」とありますが、本文第1段落に、2007年、「所得税の課税対象となった6百万世帯が、1世帯あたり平均280ユーロ寄付したので、総額17億ユーロの寄付額にのぼる」と明記されています。したがって、設問文は本文の内容と一致していません。

(3) 設問文には「2007年のフランスでは、所得税の課税対象になった世帯1戸あたりの平均の寄付額は280ユーロである」とありますが、これは前問の解説にも記したとおりで、本文の内容に一致しています。

(4) 設問文には、「寄付金に関して言うと、アルザスの人たちは、フランス人全体と比較した場合、平均的に気前がよくない」とあります。しかし、第2段落には、une « diagonale de la générosité » qui va du Sud-Ouest au Nord-Est「南西から北東に向かう《気前のよさの対角線》」が存在し、「たとえばアルザスは、2008年に課税対象者のほぼ3人に1人が寄付をおこなっ

ており、明確にフランス全体の平均を上まわっている」と明記されています。よって設問文は本文の内容と一致しません。

　(5) 設問文には、「ネットでの寄付金収集はまだ初期段階にあるものの、輝かしい未来を約束されているように思われる」とあります。第4段落の最後のほうには、「ネットでの寄付金収集は今のところまだ主流とは言いがたいが（2008年度の寄付金総額の5％未満）、こうして（＝若者の参加度の向上などを通して）徐々に力を発揮するはずである」と書かれています。したがって、設問文は本文の内容と一致しています。

　(6) 設問文には、「外国から取り入れられた多くの新しい方法のおかげで、フランスの協会は、将来の寄付者たちに関する個人的な情報を収集できるようになる」と書かれています。第5段落を読むと、アングロサクソンの国々から取り入れられた方法、すなわち « street-marketing » や démarchage「個別訪問」などを組織的におこなうことで、新たな寄付者を掘り起こす手がかりにしている旨が詳細に説明されています。したがって、設問文は本文の内容に一致しています。

|解　答| (1) ①　(2) ②　(3) ①　(4) ②　(5) ①　(6) ①

|練習問題 5|

　次の文章を読み、右のページの(1)〜(6)について、文章の内容に一致する場合は解答欄の①に、一致しない場合は②にマークしてください。

L'interdiction de la corrida en Catalogne a suscité de vives réactions en France, où la tauromachie compte de nombreux adeptes dans les régions méridionales. Importée d'Espagne, la tauromachie s'est progressivement implantée dans le sud de la France. La première véritable corrida française se serait tenue à Bayonne le 21 août 1853. Depuis, la loi a encadré et limité la pratique de la corrida.

En France, il existe une loi qui sanctionne les « actes de

cruauté envers un animal domestique, ou apprivoisé, ou tenu en captivité ». Mais cette interdiction ne s'applique pas « aux courses de taureaux lorsqu'une tradition locale ininterrompue peut être invoquée ». C'est donc par leur caractère « traditionnel » que les corridas se maintiennent dans l'Hexagone. Dans le sud de la France, la corrida se porte bien et génère même des flux financiers importants. Selon la commission d'enquête sur l'argent de la corrida, « une heure et demie de prestation des meilleurs toreros est facturée jusqu'à 100 000 euros, hors droits télévisuels ». La tauromachie constitue également un attrait touristique. On arrive à rassembler jusqu'à un million de touristes lors des ferias qui, par leur caractère festif, attirent des spectateurs de plus en plus jeunes.

Mais les anti-corridas n'ont pas dit leur dernier mot. Outre les associations de protection des animaux, qui se sont immédiatement réjouies du vote catalan, certains élus souhaitent faire adopter une mesure similaire. Ainsi, une proposition de loi pour interdire les corridas et les combats de coqs en France a été co-signée par 58 élus. Les anti-corridas fondent beaucoup d'espoirs sur ce qui s'est passé en Catalogne. « Le vote catalan, en Espagne, pays de tradition tauromachique, doit inspirer le Parlement français », déclare un initiateur de cette proposition.

Cette proposition vise à supprimer, au nom des « sévices pratiqués sur les animaux », l'exception faite pour la tauromachie dans le code pénal. Il s'agit de la troisième proposition de loi de ce type depuis 2004, mais aucune n'a encore été mise à l'ordre du jour à l'Assemblée. Tradition, lobbys, et parfois le goût de certains responsables politiques pour la corrida sont invoqués pour expliquer cet échec.

(1) Depuis 2004, trois propositions de loi visant à interdire la corrida ont été soumises au vote à l'Assemblée nationale.

(2) Il n'y a pas que les associations de protection des animaux qui veulent faire interdire la corrida en France.

(3) La loi interdisant les actes de cruauté envers les animaux fait une exception pour les courses de taureaux quand il existe une tradition ancienne.

(4) Lors des ferias, on dépasse en général le million de touristes.

(5) Même sans les droits télévisuels, une heure et demie de prestation des meilleurs toreros peut rapporter jusqu'à 100 000 euros.

(6) On observe un rajeunissement du public des corridas.

(11)

解説 今回はフランスで闘牛の是非をめぐって展開されてきた議論についての解説文が取り上げられています。
(1) 設問文では「2004年以降、闘牛禁止を目的とした3つの法案が、フランス国民議会（下院）で投票にかけられた」と述べられています。しかし本文第4段落を読むと、2004年以来、3本の闘牛禁止法案が提出されたが、

aucune n'a encore été mise à l'ordre du jour à l'Assemblée「そのいずれもまだ下院で議事日程にあがった例はない」ことがわかります。したがって、本文の内容とは一致しません。

(2) 一見やさしそうに見えて、じつは手ごわい文です。Il n'y a pas que ... という表現は、Il n'y a que ... の否定、つまり部分否定のさらなる否定ですので、「〜だけというわけではない」の意味になります。したがってこの文は、「フランスでの闘牛禁止を願っているのは、動物愛護団体だけ、というわけではない」の意味に解さねばなりません。本文第3段落の前半を読むと、動物愛護団体以外にも、一部の国会議員の間には、闘牛の禁止を求める声がある、と記されていますから、本文の内容に一致します。この ne ... pas [...] que という構文に慣れるよう、辞書などで例文を集めて覚える必要があるでしょう。

(3) 第2段落冒頭以降を読むと、フランスにはたしかに動物虐待禁止法が存在するが、地方的伝統に根ざす闘牛は、この法律の適用対象外である、と記されています。設問文もほぼ同じ意味ですので、本文の内容に一致します。

(4) おなじく第2段落の終わりには、南仏で闘牛がおこなわれる祭日には、100万人にのぼる観光客が集まると述べられています。ところがここの設問文は、観光客は一般的に100万人を越える、としていますので、これは本文の内容とは一致しません。

(5)「最良の闘牛士たちによる1時間半の演技料は、テレビの放映権を除いても、10万ユーロにまでのぼることがある」というこの文は、第3段落の後半の内容とぴったり重なっており、本文の内容に一致します。

(6) 本文第2段落の最後に、闘牛の行事が祝祭的性質をおびるがゆえに、若い世代をますます惹きつけつつある」とあります。したがって、「闘牛の観客の若年齢化がみとめられる」というこの文は、本文の内容に一致します。

解 答 (1) ② (2) ① (3) ① (4) ② (5) ① (6) ①

8

　長文を読み、ポイントをおさえて、その内容を**日本語で簡潔に要約**する問題です。この問題では、フランス語の読解力と日本語の表現力の双方が求められます。日ごろから、論点を整理しつつ文章を読む訓練を積み重ねておく必要があります。これは、外国語と母語の能力の両方を高めるうえで、きわめて有効な訓練となるでしょう。日ごろから、新聞や雑誌の記事（とくに論説文）を読んで、ポイントを整理する練習を積んでおくとよいでしょう。なお、この問題はあくまで重要な論点の要約であって、部分和訳ではないことを銘記しておいてください。

　大問7の概要で述べたような練習が、ここでも有効です。論説文や論理性の高い記事を段落ごとにことなった行数でまとめる訓練を重ねるよう努力してください。また、かなり抽象度の高い日本語の書物に慣れ親しむことも、論理的な思考力を鍛えるうえで重要です。要は、日本語であれフランス語であれ、論理的な読解力と思考力を高めることが、この問題を解くうえでは欠かせないのです。

　さらに言えば、日本語の表現力を錬磨し、要約の方法論を学ぶ必要も生じます。フランス語で数行にわたる内容を、たとえば15字ないし30字以内でまとめるには、理解力と同時に、遠心的に展開する文章の核心をつかみ、それを、求心的にまとめる、つまりは簡潔に言いかえる表現力が要請されます。これはきわめて高度な母語運用の才を必要とします。希薄な内容を、ペラペラしゃべることが外国語習得の最終目標になりつつある風潮に、頑固に異をとなえつづける姿勢、換言すれば、母語の活用能力を超える外国語運用は不可能であり、ゆえに、母語（日本語）のレベルアップが、真の意味での外国語教育には必要であるという認識 ─ 以上の見解を仏検は堅く信じているがゆえに、最上位級である1級では、この問題にとくに重点をおいているのです。

　さて、この問題は配点も高く、難問も多いので、ここでは練習問題に時間をかけて、じっくり取り組んでみてください（かならず自分で答えを書いてみましょう）。

練習問題 1

次の文章を読み、右のページの(1)、(2)に、指示に従って**日本語**で答えてください。句読点も字数に数えます。

La France est peut-être le seul pays où l'accès des plus pauvres aux services financiers est impensable ou presque, alors que partout ailleurs, les entrepreneurs sans le sou et les clients déshérités constituent un marché rentable.

Mais pour être bénéficiaire dans ce « business », il faut d'abord savoir que prêter aux pauvres ne peut pas se faire à l'aveugle. Chaque cas est particulier et doit être traité comme tel. Pour cela, une solution existe : adopter une méthode, courante dans l'assurance, qui permet aux banques de mesurer objectivement le risque de ne pas être remboursées. Comment cela ? En donnant une note à chaque client en fonction de sa qualité de bon ou mauvais emprunteur. Au-delà de la catégorie socioprofessionnelle, il s'agit d'évaluer les caractéristiques personnelles. Par exemple, une femme mariée, propriétaire ou mère de famille sera jugée plus économe qu'un étudiant locataire ou qu'un père divorcé.

Aussi importante est la transparence. Les États-Unis, par exemple, obligent les organismes financiers à partager leurs données sur les emprunteurs. Par contre, la France est l'un des rares pays au monde à ne pas croiser les données bancaires. Comment les banques peuvent-elles accorder leur confiance si elles ne connaissent ni le montant des dettes contractées ailleurs par leurs clients ni leur qualité d'emprunteur ?

Il faudrait ensuite favoriser la concurrence. En France, le coût du crédit est plafonné depuis le Moyen Âge : il ne peut dépasser le taux d'usure fixé par la loi — soit à peu près 20 % pour les crédits à la consommation et 10 % pour les crédits aux entreprises. Pour les experts du marché, une telle politique, puisqu'elle n'admet pas la liberté tarifaire, est inefficace. Elle décourage les banquiers de prendre le moindre risque.

　Décourageait, en tout cas. Car, en août 2005, une nouvelle loi a fait sauter un premier verrou : les prêts aux entreprises échappent désormais à cette règle du plafonnement. Mais les tabous sont tenaces et les banques en France ne peuvent pas encore afficher des taux exorbitants, car l'opinion publique ne le comprendrait pas.

(1) 貧しい人にお金を貸す場合、融資の焦げつきを回避するにはどのような工夫をすべきだと筆者は言っていますか。(40字以内)

(2) 筆者によれば、フランスの金融機関が貧しい人への融資に対して消極的になるのはなぜですか。具体的な2つの理由（a、b）をあげてください。（各35字以内。解答の順序は問いません）

(06)

解説　フランスは、金融機関が貧しい人にお金を貸さないめずらしい国であると指摘したのちに、その理由や背景に関して論じた文章です。

(1) 第2段落の最初では、貧しい人にお金を貸す「ビジネス」で収益をあげるためには、やみくもに融資をするのをつつしむべきであると指摘されています。そのあと、どうすれば融資が可能となるかに関する記述がつづいていますから、そこをまとめればよいことになります。まず、保険業界で一般的に適用されている方法、すなわち返還されない危険を客観的に計る方法を採用すべきだと書かれています。具体的には、借り手としての信用度を点数化するという方法です。その際、社会的地位や職業の種類などにくわえて、顧客個人の置かれた状況も考慮すべきだとされています。一例をあげれば、結婚している主婦のほうが、離婚した男性よりも倹約家だと見なされるようです。こうした情報を40字に収まるように要約すれば正解に達するでしょう。なお、借り手の社会的状況と個人的状況の双方を客観的に評価する、というもっとも重要なポイントをおさえることができれば、高得点が期待でき

ます。
　(2) 第3段落にひとつ目の理由があげられています。それによれば、フランスでは、アメリカをはじめとする多くの国々とことなり、顧客の情報が銀行間で交換されないため、借り手の信用度がまったくつかめないのです。次に第4段落と第5段落では、もうひとつの理由が記されています。フランスでは中世の昔から、高金利に対し法的な抑制がかけられてきた点が指摘されています。つまり、金融機関が意のままに金利を設定できない環境にあるため、高金利の商品の分野で自由な競争がおこなえないわけです。以上の2点を簡潔に要約して答案を作ってみてください。

[解答例]　(1) 融資にあたって、借り手の職業や地位に加えて個人的な状況も評価するという工夫。(38字)
　　　　(2) a　顧客情報を銀行間で交換して借り手の信用を調査する習慣がないこと。(32字)
　　　　　　b　各金融機関が貸出金利を自由に設定できる環境がまだ整っていないこと。(33字)

[練習問題 2]

　次の文章を読み、右のページの(1)～(3)に、指示に従って**日本語**で答えてください。句読点も字数に数えます。

　Le blond comme couleur de cheveux est valorisé depuis l'Antiquité. Mais la vraie blondeur est en voie de raréfaction. D'ici à 2050, la population mondiale passera de 6,5 à 9 milliards d'individus. L'accroissement étant le fait de l'Asie, de l'Afrique et de l'Amérique latine, la fréquence des blonds va mécaniquement diminuer. Et cela d'autant plus que cette teinte de cheveux, comme les yeux bleus, est due à des gènes récessifs. Autrement dit, pour être blond, il faut hériter de deux gènes commandant ce caractère, l'un venu du père, l'autre de la mère. Il s'ensuit que, si dans le monde, le nombre de gènes blonds reste constant alors que celui de gènes bruns augmente, il y aura une probabilité décroissante qu'une personne hérite de deux gènes blonds, condition indispensable à sa blondeur. Ainsi, une hypothèse réaliste serait celle d'une augmentation du brassage des populations, et l'émergence d'un profil d'humain métissé qu'on pourrait nommer « type brésilien ».

On s'attend donc à une nouvelle forme de beauté. Mais on assiste aussi à un « paradoxe » : dans les prochaines décennies, la proportion de blond naturel va aller en s'amenuisant, et, pourtant, le mythe pourrait bien grandir. Déjà en Europe, une femme sur trois se teint les cheveux dans une nuance de blond, alors que seul un adulte sur vingt en Europe — à peu près la même proportion aux États-Unis — a cette vraie couleur. À quoi tient cette fascination ? L'histoire remonte à Vénus-Aphrodite, déesse de l'amour à la chevelure claire. Chaque époque a ensuite projeté ses valeurs sur la blondeur : une obsession à la Renaissance, une mystique dans l'Angleterre élisabéthaine, une idéologie dans les années 1930 (avec le racisme hitlérien), un signal d'invite sexuelle dans les années 1950. Et à notre époque ? D'après une spécialiste des mythes, « être blond, c'est rappeler la couleur de l'enfance, entrer dans la quête de la jeunesse éternelle ». En tout cas, ce qui est sûr, c'est que le mythe de la blondeur a encore de beaux jours devant lui.

(1) 筆者は生まれつきブロンドの人の数が今後減少するメカニズムをどのように説明していますか。(60字以内)

(2) 筆者の言う«paradoxe»とは何を意味するかを説明してください。(40字以内)

(3)「ブロンド神話」に関する筆者の意見を要約してください。(30字以内)
(08)

解説　ブロンドの人の数が、今後世界人口のなかで占める割合が減少するメカニズムと、ブロンド神話の根強さをめぐる話題でした。

(1) 第1段落の内容を要約する必要があります。2050年までに世界人口は、現在の65億から90億にまでふえるが、増加するのは、主としてアジア、アフリカ、南アメリカだとされています。逆に言えば、生まれつきのブロンドが多いヨーロッパや北米の人口は相対的に低下しますから、ブロンドの人の比率は自動的に下がります。さらに、ブロンドは劣性遺伝であるため、父母の双方がブロンドでなければ生まれません。そうなると、ブロンドの遺伝子の量が一定に保たれるにすぎない一方で、褐色などブロンド以外の遺伝子は大きく増加することになります。地球規模で見るならば、ブロンドの遺伝子どうしが出会う確率は、理論的には減少せざるをえません。現実的に見ても、一種の人種混合が進み、劣性遺伝のブロンドは、その数を減らさざるをえない、ということになります。以上の内容を、重要なポイントをしぼって要約すればいいでしょう。ポイントとは、(a)世界人口に占める欧米人の比率が減少すること、(b)ブロンドと非ブロンドの混血が増加すること、(c)したがって、劣性遺伝にもとづくブロンドは減少せざるをえないこと、と言えるでしょう。

(2) 第2段落の前半部分の内容を要約する設問です。そこでは、生まれつきのブロンドはすでに減少傾向にあるのに（欧米では、おとな20人に1人しか存在しない）、ヨーロッパでは3人に1人の女性が髪をブロンド系に染める現象が見いだせます。つまり、自然のブロンドは減少しているのに、ブロンド人気はいっこうに衰える気配がないことを、著者は«paradoxe»「逆説」と呼んでいるのです。そのあとに、現代にまで脈々と伝わっているブロンド神話について論じられている点にも注意して、答案を作ってみてください。

(3) 第2段落後半の内容を簡潔に要約する設問です。筆者は古代神話のヴィーナスの髪の色に言及したのち、Chaque époque a ensuite projeté ses

valeurs sur la blondeur.「その後、各時代がブロンドという色彩に独自の価値を付与してきた」と述べています。以後はその具体例が列挙されています。そして、ブロンド神話は現代でも健在であり、今後も衰える気配はない、と結んでいます。以上の内容を簡潔にまとめてください。

　内容を的確に把握し、日本語で要約するこの種の問題で興味深いのは、字数が少ないほど、成績が下がる傾向にある、という点です。やはり、長文からそのエッセンスを抽出し、それを簡潔に表現するためには、高度な日本語力が要求されるからでしょう。細部や具体例に惑わされずに、一気に議論の核心をつかむ訓練を重ねてください。

[解答例] (1) 今後世界に占める欧米人の比率が相対的に低下し、ブロンドと非ブロンドの混血が増え、劣性遺伝に基づくブロンドは減少する。(58字)
(2) 生まれつきのブロンドは減少傾向にあるのに、ブロンド信仰は一向に衰えない。(36字)
(3) 各時代に特有のブロンド神話が存在し、今後も存続するだろう。(29字)

[練習問題3]

　次の文章を読み、右のページの(1)〜(3)に、指示に従って**日本語**で答えてください。句読点も字数に数えます。

　Quand, dans un pays, un certain niveau d'inégalité sociale est atteint et qu'il n'a pas entraîné la prise de conscience attendue — comme lors de l'élection présidentielle de 2007 en France, où une part importante des pauvres a voté à droite — , on peut, à bon droit, se demander si, dans la fabrication de l'opinion, l'influence des médias n'a pas été déterminante.

　À une époque où les grands médias, court-circuitant le suffrage universel, injectent le virus avant de prendre la température, la détention des moyens de production de l'opinion par une classe dominante est un défi inédit à la démocratie. Il est d'autant plus insidieux que la notion même de « classe », difficile à cerner certes, mais bien dérangeante, est aujourd'hui l'objet d'une méconnaissance qui a ses modes de production propres.

Le premier de ces modes est celui, bien connu, du bouc émissaire : immigrés, étrangers, juifs, etc., dont la présence est censée expliquer tous les malheurs du monde. Le deuxième consiste à monter en épingle, comme outils de compréhension, d'autres oppositions que les antagonismes sociaux. Les conflits entre nations par exemple, la lutte des générations ou la guerre des sexes.

Il est un troisième moyen pour produire de la méconnaissance : le détournement d'attention, procédé classique des illusionnistes. Le plus flagrant est la place accordée aux faits divers et au sport lors du montage des « journaux d'information ». Le plus retors, la personnalisation dépolitisante du politique. Le plus subtil : le « brouillage ». On sait à quel point les rapports de domination, tant ils s'entrecroisent, peuvent faire vivre les luttes politiques sous la forme d'une relation parent / enfant, masculin / féminin. Car ces différences sont très tôt rencontrées, bien avant l'entrée dans le champ socio-économique qu'elles continueront par la suite de surimpressionner.

(1) 筆者は現在のメディアの問題点をどうとらえているか説明してください。（55字以内）

(2) 筆者はメディアが « classe » の概念を隠す方法を3つあげています。そ

の3つのうち、2番目にあげられている方法は何ですか。（20字以内）

(3) « brouillage » という語で筆者が言おうとしている内容を説明してください。（40字以内）

(09)

解説 (1) 筆者が現在のメディアをどう把握しているかを説明するには、第1段落と第2段落をたんねんに読み込む必要があります。筆者はまず、2007年のフランス大統領選の際に、貧しい層で相当数の人が右派側に投票した事例をあげ、社会的不平等が一定レベルに達しているにもかかわらず、貧困層がそれを自分たちの問題として意識化できなかったことを指摘し、その原因として、メディアによる世論操作がおこなわれた可能性をあげています。つまり、社会的不平等の存在を明らかにするどころか、逆にそれを隠蔽しようとした、というわけです。第2段落では、[...] les grands medias [...] injectent le virus avant de prendre la température「大メディアは、体温を計る前にウイルスを注入する」という刺激的な比喩を用いながら、支配階級が占有するメディアが、自分たちの階級につごうのよい世論を形成しており、こうした世論操作が、民主主義を根幹からゆさぶる要因になっていると筆を進めています。以上の内容を、メディアによる世論操作、支配階級のメディア支配、およびそこから帰結する民主主義の危機、という3点をおさえて、答案にまとめれば正解に達します。

(2) 筆者はメディアが « classe »「階級」の概念を隠す方法を、第2段落から第3段落にかけて大きく3つに分類しつつあげています。まず第2段落にあげられたふたつを見ておきましょう。1番目は、「移民、外国人、ユダヤ人など」を「世界のあらゆる不幸を説明しうる」bouc émissaire「スケープゴート」に仕立てる方法です。こうして「スケープゴート」に人々の不満を引きつけておけば、「階級」の存在が希薄化するからです。2番目は「国家間の衝突、世代間の闘争、男女間の対立」といった「社会的対立（＝階級対立）以外の対立」を monter en épingle「極端に誇張する」方法です。この2番目の箇所を的確かつ簡潔にまとめられれば、正解につながるはずです。

(3) 第4段落に記された3番目の方法は、古典的な手法と、より巧妙な手法のふたつに下位区分されています。その第1番目は、le détournement d'attention, procédé classique des illusionnistes「注意をそらすという、手品師たちが用

いる古典的手法」で、たとえば、テレビのニュース番組で、三面記事的な事件やスポーツを織り込んで、最初に報じた重要かつ深刻なニュースを背景におしやる手法などがその典型です。第 2 番目が、この設問で問われている « brouillage » という「もっとも巧妙な」方法です。「〜をごちゃごちゃにする、（目などを）かすませる、（考えなどを）混乱させる」を意味する brouiller から派生したこの語は、「混乱、錯乱、攪乱」などの意味で用いられています。つまり、手品を見せるかのごとく、人々の頭を混乱ないし錯乱させ、真実が見えないように仕組むことを指しています。« brouillage » は、la personnalisation dépolitisante du politique「政治的なことを脱政治化する個人化の手法」の言いかえです。この難解な表現で筆者が言わんとしている内容は、「階級格差のような本来政治的な問題を、人々の個人生活上の対立とオーバーラップさせて、脱政治化する（政治的無関心の領域に囲い込む）こと」だと言えます。この段落であげられている具体例は、だれもが幼いころから体験する、親子や男女間の身近な対立関係を「政治化」して引き延ばし、階級対立とダブらせることで、後者が政治的問題となるのをたくみに回避する方法です。この設問はかなりの難問だと言えます。なお、この文章の筆者は極端に左翼的な主張をおこなっていますので、その意見には賛同できない人もいるでしょう。しかし、賛否はともかく、その主張の核心に迫ることがまずは重要です。だからこそ、抽象的ないしは自分とは異質な思考法を解読する能力を、日々研ぎ澄ますことが求められるのです。

[解答例] (1) 階級など存在しないという幻想を植えつけながら、支配層の見解のみを浸透させ民主主義を危機に陥れている。（50 字）
(2) 階級以外の対立軸を際立たせること。（17 字）
(3) 階級対立を親子や男女間の身近な対立にすり替え、前者の存在をぼかすこと。（35 字）

[練習問題 4]

次の文章を読み、右のページの(1)〜(3)に、指示に従って**日本語**で答えてください。句読点も字数に数えます。

Dans les pays développés, les délocalisations, face sombre de la mondialisation, sont-elles une fatalité ? Oui, si l'on en juge par les salariés de Citro Motocycles, sommés d'accepter la renégociation des 35 heures contre l'assurance que le nouveau scooter maison ne sera pas fabriqué en Asie. Non, si l'on en juge d'après les statistiques révélant le regain de l'Allemagne comme lieu de production.

Car malgré la délocalisation vivement contestée des Usines Nopia Tel de Bochum (Rhénanie-Westphalie) vers la Roumanie, les entrepreneurs allemands déplacent moins volontiers leurs capacités de production vers l'Europe de l'Est ou le vaste monde.

La comparaison du coût du travail dans l'Union avec les salaires pratiqués en Asie, dans le Maghreb et même outre-Atlantique (avec la hausse de l'euro) favorise des transferts massifs d'activités hors de l'Union. Mais dans les pays « industrialisés », où la part des salaires dans la fabrication de produits de plus en plus sophistiqués ne représente plus en moyenne que 10 % des coûts de production, les stratégies d'implantation prennent tout autant en considération l'existence de bonnes infrastructures de transport, et d'une main-d'œuvre éduquée et qualifiée sans laquelle l'exigence du « zéro défaut » — le contrôle de qualité — est un leurre. Selon un récent rapport, « entre un quart et un cinquième des capacités délocalisées sont ainsi rapatriées en Allemagne dans les cinq ans », faute de prise en compte de ces facteurs « immatériels ». Certitude : les délocalisations ne cesseront pas de si tôt. Mais la seule course aux bas salaires est une stratégie perdante. Surtout pour les entreprises européennes qui savent « monter en gamme ».

⑴ 筆者によれば、先進国の製造業が以前ほど、従業員の給与について気にする必要がなくなったのはなぜですか。(40字以内)

⑵ 先進国の製造業の生産拠点の立地に関して、給与以外に考える必要があるものとして筆者があげている2つの要素は何ですか。(30字以内)

⑶ 筆者によれば、欧州の製造業が生産拠点に関してとるべき戦略はどのようなものですか。(20字以内)

(10)

解説 先進国の製造業が、生産拠点を低賃金の外国に分散化する傾向はいまだに見られるが、低賃金よりも高品質の製品を作ることに重点を置き、国外移転の方針をくつがえして、拠点をふたたび国内にもどそうとする動きが出はじめている、という内容の文章です。

⑴「先進国の製造業が以前ほど、従業員の給与について気にする必要がなくなった」理由ですが、これは第3段落を要約すれば答えられます。たしかに、欧州連合内での賃金と、アジア、マグレブ地方、(南)アメリカなどでのそれとを比較すれば、生産拠点を国外に移すほうが、人件費という観点からすれば有利に映る、と著者は書いています。しかしその直後に、「ますます精巧になる製品の製造において、生産コストに占める給与の割合が平均してもはや10%程度にしかならない《先進国》では、工場建設の際の戦略として、輸送用の確固としたインフラ整備、教育程度の高い熟練した労働力をも、考慮にいれねばならない。レベルの高い労働力が不在であれば、《欠陥ゼロ》すなわち品質管理という要求をみたすことは幻想になってしまう」と明記されています。ポイントは、高品質の商品生産に占める人件費の相対的低下が、低賃金国への分散化を徐々に無意味化している、という点にあるとわかるでしょう。

⑵ 前問の解説で紹介した箇所をまとめれば、この設問には簡単に答えられるでしょう。[...] l'existence de bonnes infrastructures de transport, et d'une main-d'œuvre éduquée et qualifiée「輸送用のインフラ整備と教育程度の高い熟練工の存在」という部分を、制限字数に収まるようまとめればよいとわかります。

(3) 筆者が考える「欧州の製造業が生産拠点に関してとるべき戦略」については、第3段落後半を読めば明らかになります。筆者は、国外に生産拠点を移していたドイツの工場の生産能力の4分の1から5分の1が、5年後にはふたたびドイツ国内にもどってきそうだという最近の報告を紹介しています。そのあと、Certitude「確かなこと」として、「生産拠点の国外移転が即座に終わりを迎えることはないだろう。しかし、低賃金を求める競争のみに走るのは、勝ち目のない戦略である。とくに《品質を高める》ことのできる欧州の企業にとってはそうである」としめくくっています。つまり、低賃金を求める競争から脱却し、高品質を保証する戦略に切り替えるには、国外移転一辺倒の方針を見直す必要がある、ということになります。

[解答例] (1) 高度な技術を要する製品の生産コストに占める給与の割合は1割程度だから。(35字)
(2) 輸送手段の充実と訓練を受け高い技術を持った労働力。(25字)
(3) 生産拠点の国外移転一辺倒からの脱却。(18字)

[練習問題5]

次の文章を読み、右のページの(1)、(2)に、指示に従って**日本語**で答えてください。句読点も字数に数えます。

De plus en plus nombreux sont les parents qui décident sciemment d'habiter hors des villes, persuadés que cet univers est porteur d'innombrables richesses pour leurs enfants. « Côtoyer la nature constitue un formidable atout pour un jeune être en construction », confirme Olivier Sancier, président de Familles-Nature. « À la campagne, un enfant a la chance de pouvoir observer des animaux de près, d'être confronté beaucoup plus fortement qu'en ville au climat, à l'alternance des routes goudronnées et des petits chemins ruraux. Autant de défis et de sources d'enrichissement pour son intelligence », poursuit-il.

Or, choisir d'éduquer un enfant à la campagne rime aussi avec une mentalité particulière des parents : ils semblent désireux de porter certaines valeurs. « Beaucoup veulent vivre autrement, ne pas se soumettre aux contraintes de la pollution, de la consommation, d'un rythme de vie acharné, cherchent à développer la solidarité et la sociabilité autour d'eux », note M. Sancier. D'après lui, ce sont souvent ces « néoruraux », venus de la ville pour s'installer en milieu rural, qui se montrent les plus dynamiques pour redonner vie à certains rendez-vous festifs parfois tombés en désuétude dans les villages : feux de la Saint-Jean, carnavals, brocantes, spectacles, etc. Ils ne sont pas là par hasard, ils aspirent à un esprit de communauté.

Là encore, de telles options de vie des néoruraux ne sont pas sans conséquences pour leurs enfants. Bien sûr, on ne peut jamais savoir à l'avance de quelle manière ces derniers se saisiront de ce qu'on tente de leur transmettre. Mais une chose est sûre : il demeurera toujours en eux quelques traces de cette enfance d'ouverture aux autres, de primauté accordée au « vivre-ensemble ». Et puis, évoluer dans un milieu familier où l'on connaît tous les voisins, où chaque hiver on déneige ensemble le petit chemin d'accès au hameau comporte un avantage non négligeable pour un enfant : la réticence moindre de ses parents à le laisser sortir seul aux alentours. À la campagne, les réflexes de surprotection sont plus faibles : un enfant est plus facilement confié à l'environnement dans la mesure où celui-ci n'est pas anonyme. Cette absence de peur permet à un enfant de conquérir son autonomie, d'avoir confiance en lui, de ne pas craindre le monde et de ne pas vivre les autres comme des dangers. Un programme plus que séduisant...

⑴ Olivier Sancier 氏によれば、子どもを連れて都会から移住してきた néoruraux と呼ばれる人々の暮らし方には、どのような特徴がありますか。（35字以内）

⑵ néoruraux と呼ばれる人々の子どもたちが、田舎に暮らすことで受ける影響について、筆者が指摘していることを2点（a、b）あげてください。（各25字以内。解答の順序は問いません）

(11)

解説 今回は néoruraux と呼ばれる人々がテーマです。néoruraux とは、都会での生活を嫌い、子どもとともに田舎に自発的に移り住む人々のことで、以下に見るように、その思考法や生活法には、一定の共通項がある、という話です。

⑴ ここではあくまで néoruraux の田舎での暮らし方に関する Olivier Sancier 氏の見解を聞いているので、主として第2段落を熟読したうえで、簡潔に要約する必要があります。同段落3行目に Beaucoup veulent vivre autrement「（néoruraux と呼ばれる人々の）多くはことなった生き方を望んでいる」とあり、以後、彼らの新生活の特徴があげられます。まず、(ils) cherchent à développer la solidarité et la sociabilité autour d'eux「彼らは、周囲との連携や社交を求める」という一文に注目しましょう。「連携や社交」とは、段落最後にある esprit de communauté「共同体の精神」とほぼ同意であり、他者との交流を重視する生活を求めているということです。もう1点重要なのは、qui (ils) se montrent les plus dynamiques pour redonner vie à certains rendez-vous festifs parfois tombés en désuétude dans les villages「彼らが、村ですたれつつある伝統行事の再生にひじょうに積極的にかかわる」

姿勢です。「共同体の精神、他者との連帯の重視」と「伝統行事への積極的な参加」の2点を、明確に強調する答案ができれば、高得点が望めます。なお、設問は「子どもを連れて都会から移住してきたnéoruraux と呼ばれる人々の暮らし方」の特徴を聞いているので、村での彼らの生活態度を答えるべきであり、「都会の汚染、消費経済、ハードな生活リズムを嫌う」という類の解答例は、ここでは的はずれになりますから、注意してください。

(2) この設問に答えるには、第3段落を熟読する必要があります。Bien sûr, on ne peut jamais savoir à l'avance de quelle manière ces derniers se saisiront de ce qu'on tente de leur transmettre.「もちろん、子どもたちに伝えようとしていることが、彼らにどう継承されるかは、予測ができない」と譲歩したのち、それでも、il demeurera toujours en eux quelques traces de cette enfance d'ouverture aux autres「子ども（たち）は、他者に対し開かれた幼年期の痕跡を、どこかに保持しつづけるだろう」と強調しています。この « vivre-ensemble »「共生」の精神をつちかう、という点が1つ目のポイントです。次に、近所づきあいを通して村全体が知り合いである、という環境にあるため、親は子どもをひとりで外出させることにためらいを感じなくなる傾向があり、それが過保護を排除し、子どもの自律的な行動を助ける、と筆者は論じています。つまりは外界を恐れなくなるわけで、Cette absence de peur permet à un enfant de conquérir son autonomie, d'avoir confiance en lui, de ne pas craindre le monde et de ne pas vivre les autres comme des dangers.「この恐怖感の不在のゆえに、子どもは自立心を養い、自分に自信をもち、外界を恐れなくなり、他者を危険視しなくなる」のです。以上の特徴を簡潔にまとめれば、高得点につながるはずです。

[解答例] (1) 人とのつきあいを大事にし、伝統の催しなどに積極的に参加する。(30字)
(2) a　他者と共生しうる開放的な感性がつちかわれる。(22字)
　　 b　自信と自立心に満ち、他者や外界を恐れなくなる。(23字)

9 　和文仏訳では、フランス語の総合力が問われます。日本語をフランス語に移しかえるに際しては、語彙力や文法・構文に関する知識にくわえて、フランス語を操る「センス」までが問われるからです。日本語の意味内容をなるべく忠実に伝えつつも、日本語とはまったくことなったしくみをもつフランス語としても、自然かつ流暢な文に仕上げるには、この「センス」ないしは「第六感」がどうしても必要になります。こうした一種の直観を育てるためには、数多くのフランス語にふれ、その文章やリズムを最大限自分の身体に覚え込ませる必要があります。アウトプットのためにも、積極的なインプットを忘れないようにしましょう。そのために、まずは基本的な構文を中心に数々の文を「身体的」に蓄積していく努力をおこたらないようにする必要があります（繰り返し発音して覚え込む必要があります）。同時に、雑誌や新聞で出会うしゃれた言い回しやフランス語らしい表現を小さなノートにメモして覚えていくといった、地道な努力や自分なりの工夫も重要になってきます。以下では、5つの練習問題にチャレンジしてみてください（かならず自分で作文してみてください）。

練習問題1

次の文章をフランス語に訳してください。

　人選というのは不可解なもので、いつも有能な者が選ばれるとは限らない。むしろ、あたりさわりのない好人物が選ばれやすい。選ぶ側にしてみれば、ずば抜けた人間よりも自分にとって安心な人間のほうが都合がよいからだ。
(07)

解説　エッセイ風の文体ですが、日本語に訳すとなると、論理的な文章よりも格段にむずかしいことがわかるでしょう。まず、書き出しの「人選」でつまずく受験者が多いはずです。「だれかを選ぶこと」と解釈して、Chosir quelqu'un と不定詞を主語にするのが適切です。また、「あたりさわりのない好人物」も大きなハードルとなるはずです。「好人物」には、名詞の前に置かれたときに、多少の皮肉がこもった「人のよい、お人好しの」を意味する brave を使い、un brave homme とするのがもっとも適切だと思われます。「あたりさわりのない」には、doux、gentil も不可能ではありませんが、「無害

な、安全な」と読みかえて inoffensif を使用するのが適切でしょう。「ずば抜けた」は、excellent でもよいでしょうが、やはり解答例の exceptionnel(le)「例外的な」が一番ぴったりくると思われます。このようにエッセイ風の文章には、日本語独特のニュアンスをふくみ込んだ語彙がよく使われるために、それを「明晰な」フランス語に移しかえるのは、思った以上に困難をともなうものです。この種の作文問題を解くコツとして、訳しにくい日本語を、別のより明快な日本語に言いかえてみることがあげられます。解答例では、構文の点から見ても高度なテクニックが使われていますので、じっくり吟味してみてください。

[解答例] Choisir quelqu'un est une chose étrange car ce n'est pas toujours celui qui est compétent qui est choisi. On a plutôt tendance à choisir un brave homme inoffensif. C'est parce que, si on se place du côté de ceux qui choisissent, pour eux, mieux vaut une personne qui les rassure qu'une personne exceptionnelle.

[練習問題 2]

次の文章をフランス語に訳してください。

　都会に暮らすようになって、ぼくは部屋でウサギを飼い始めた。夜アパートに帰って、こちらを向いて待っている小さな瞳を見ると、その日の疲れもいやされる。言葉は交わせなくても、心が通じ合えると思えるのが不思議だ。
(08)

[解　説] 今度は、モノローグ（独白）調の文章です。第1文は、直訳に近いフランス語でも大きくはずすことはないでしょう。この仏訳で処理がとくにむずかしいのは、「こちらを向いて待っている小さな瞳を見ると」の部分です。まず、瞳は prunelle(s) を使いたいところです。次に、「こちらを向いて待っている」ですが、ウサギが暗闇のなかでずっと主人の帰りを待って、ドアの方向を向いているとは考えにくい点に留意しましょう。むしろ、「帰宅時に、自分の帰りを待ち望んでいた（と自分が思い込んでいる）瞳が、こちらを振り返るのを見ると」などと日本語でパラフレーズしてみれば、より

自然なフランス語になるでしょう。解答例では、関係代名詞と知覚動詞の双方を組み合わせた文が使われていますので、よく吟味してみてください。また、「その日の疲れもいやされる」を解答例では、la fatigue de ma journée s'en trouve allégée と表現してあります。ここでの en は、「ウサギの瞳を見ることで」という、いわゆる原因を示す en です。こうした機能語をじょうずに使いこなせるようになると、フランス語らしさにも磨きがかかります。また、直訳調の日本語にパラフレーズしてから訳してみるのも、練習段階では有効だと思われます。以下の解答例をよく味わってみてください。

【解答例】　Depuis que j'ai commencé à habiter en ville, je me suis mis à élever un lapin chez moi. Lorsque je rentre le soir dans ma chambre et que je vois ses petites prunelles qui m'attendent se tourner vers moi, la fatigue de ma journée s'en trouve allégée. Ce qui est étonnant, c'est de penser que l'on peut se comprendre sans échanger de paroles.

【練習問題3】

次の文章をフランス語に訳してください。

　この間、本棚の奥にあった古い童話集がふと目にとまったので、手にとって読みなおしてみた。まだ幼かったころ、母が読んでくれるのを聞いた時のドキドキする感じはなかった。しかし、大人にならなければわからない深い意味がそこかしこに読みとれて、はっとする思いだった。

(09)

【解　説】　これもモノローグ調の文章です。一見やさしそうに映りますが、「ふと目にとまった」、「ドキドキする感じ」、「そこかしこに読みとれ」、「はっとする思い」など、日本語特有の発想にもとづいた表現が少なからずあり、別の言語システムであるフランス語に移すのは、意外とむずかしいかもしれません。まず「ふと目にとまった」ですが、これは tomber sur を使うとニュアンスが伝わるでしょう。もちろん、trouver でもまちがいではありませんが、日本語文にある微妙な陰影は落ちてしまうでしょう。次に「童話集」ですが、un livre de contes、あるいは un recueil de contes de fées などと表

現できます。第 2 文の「母が読んでくれるのを聞いた時のドキドキする感じはなかった」ですが、まずは、知覚動詞 écouter や sentir を使った構文が適切だと思いつくでしょう。たとえば、je n'ai pas senti mon cœur palpiter と comme quand j'écoutais ma mère me lire le livre de contes をうまく組み合わせれば、なんとか表現できそうです。少しもたついた印象を受けますが、je n'ai pas éprouvé l'émotion que j'éprouvais quand j'écoutais ma mère me lire le livre de contes とすることもできます。解答例では、le livre de contes を代名詞 le に置きかえてあります。なお、半過去（ここでは過去の習慣）と複合過去とをうまく使い分けられるように、日ごろから訓練しておいてください。「まだ幼かったころ」は、(alors que j'étais) tout(e) petit(e) encore, encore dans l'enfance, encore en bas âge などいくつか候補があげられます。解答例では encore à l'âge tendre というかなり高級な表現を用いてあります。さて、「大人にならなければわからない深い意味」ですが、un (または le) sens profond に、qu'on ne comprends pas si on n'est pas adulte, あるいは qu'on ne comprend pas à moins d'être adulte などを接続してやればなんとか表現できます。解答例では若干表現を変えておきました。なお、「はっとする思い」を ça a été une révélation pour moi のようにフランス語らしく言いかえるには、相当の実力を要すると思われます。いつもどおり、解答例のフランス語をよく吟味してみてください。

[解答例] L'autre jour, je suis tombé(e) sur un vieux livre de contes pour enfants qui était au fond de la bibliothèque et je l'ai pris pour le relire. Je n'ai pas senti mon cœur battre comme quand, encore à l'âge tendre, j'écoutais ma mère me le lire. Mais ça a été une révélation pour moi d'y découvrir par endroits un sens profond qu'il faut être arrivé à l'âge adulte pour comprendre.

[練習問題 4]

次の文章をフランス語に訳してください。

かつて、フランスといえば「文化の国」で、何もかもがオーラに包まれていた。しかし、東京—パリ間が飛行機で 12 時間にまで縮まった今日では、幻影もかなり薄らいでいるように見える。そんななかで唯一健闘しているの

が、「美食の国フランス」という神話である。

(10)

解説　日本におけるフランスのイメージの変遷をあつかったエッセイ風の文章です。一見やさしそうに映りますが、実際に訳そうとすると、相当の難問だとわかります。「かつて」は autrefois、jadis が使えます。「かつてフランスといえば『文化の国』で」は、複雑な操作を要します。こういう場合は、あえて日本語で「言いかえる」のも一法です。たとえば、「かつてフランスを口にする者は、フランスを『文化の国』と言っていた（見なしていた）」と考えれば、解答例のような表現にたどりつくかもしれません。「何もかもがオーラに包まれていた」の「オーラ」は、auréole、nimbe、aura などが使えます。「包まれていた」には、paré、enveloppé、entouré などをあてることができるでしょう。「東京─パリ間が飛行機で 12 時間にまで縮まった今日では」にも、いくつか表現法があげられます。aujourd'hui que（あるいは où、以下同じ）Paris n'est plus qu'à 12 heures d'avion de Tokyo、aujourd'hui que (où) la distance entre Tokyo et Paris n'est plus que de 12 heures par avion、aujourd'hui que (où) la distance entre Tokyo et Paris s'est réduite（あるいは est tombée）à 12 heures par avion などと表現できます。「幻影もかなり薄らいで」の「幻影」は l'illusion でよいとして、「薄らいで」は、語彙面で工夫せねばなりません。diminuée、affaiblie、réduite などが候補となるでしょう。さらに、「そんななかで唯一健闘しているのが」の「健闘している」ですが、これは「まだ抵抗して残っている」と言いかえて、仏訳するといいでしょう。たとえば、la seule (la dernière) chose qui résiste (tienne、reste、demeure) などが候補にあがるでしょう。関係代名詞の先行詞が la seul(e)、la dernière など、最上級に類する表現をともなっている場合は、従属節の動詞が接続法になる点に注意してください。「美食」は、la gastronomie ないしは la bonne chère でいいでしょう。

解答例　Autrefois, qui disait France disait « Pays de la Culture » et tout s'en trouvait paré d'une auréole. Mais aujourd'hui que Paris n'est plus qu'à 12 heures d'avion de Tokyo, l'illusion paraît bien diminuée et la seule chose qui résiste encore, c'est le mythe de « la France, pays de la gastronomie ».

[I] 1次試験の傾向と対策　筆記試験 ⑨

練習問題 5

次の文章をフランス語に訳してください。

　テレビドラマには新しいものはない。恋愛話ならば、男女が出会い、愛をはぐくみ、ライバルが登場し、困難や葛藤を経て、最後にはうまくいくか、別れる。すべてこのパターンの微調整でしかない。これを毎回違うものに見せていくことがむずかしい。

(11)

解説　今回はテレビドラマに関するエッセイです。結局、こうしたドラマは、あるプロトタイプの変奏にすぎない点を、「恋愛もの」を例に語っています。ニュアンスをうまく伝えるという観点から見れば、かなり手ごわい作文でしょう。まずは解答例を熟読してみてください。さて、les feuilletons télévisés を *drame*「惨事」とするまちがいが、実際の試験では多数見られました。「恋愛話ならば」は「恋愛話の場合」とパラフレーズして、Pour le cas des histoires d'amour / S'agissant d'une histoire d'amour などとすることも可能です。「愛をはぐくみ」もひと工夫いります。解答例のように amour を主語にする発想の転換が重要です。あるいは、「愛し合うようになる」と言いかえ、Ils s'aiment / Ils commencent à s'aimer なども可能です。「困難や葛藤を経て」の「経て」は traverser ないしは passer par などが使えます。「最後にはうまくいく」もかなり工夫が必要で、à la fin ils se réconcilient / ils s'entendent bien などの候補があげられます。さらに「パターンの微調整」はもっとも悩むところでしょうか。「きまった形の変型」と考え、quelques variantes à ce shéma / ce trame / ce modèle / ce type / ce canevas などが考えられます。解答例の variantes は modifications minimes / variations infimes / changements mineurs と置きかえてもかまいません。「違うものに見せていく」は、「何か違うものに見える印象を与える」と言いかえて、解答例のような表現へとたどりつけるか否かがポイントになるでしょう。実際の試験では、日本語をそのまま知っている単語に移しかえただけの答案がめだちました。重要なのは、フランス語の思考法に沿った文に仕上げることです。あえて、かたい日本語に言いかえるステップをふんだうえで、フランス語に書き直していく訓練も有効だと思われます。

111

[解答例] Il n'y a rien de nouveau dans les feuilletons télévisés. Dans le cas des histoires d'amour, un homme et une femme se rencontrent, leur amour grandit, un(e) rival(e) entre en scène, ils traversent difficultés et conflits et à la fin, ils se réconcilient ou ils se séparent. Elles ne présentent toutes que quelques variantes à ce shéma. La difficulté est donc de donner à chaque fois au spectateur l'impression qu'il voit quelque chose de différent.

書き取り試験

　書き取り試験は、ただ聞き取れればよい、というものではありません。まず、音を正しく聞き取って適切な単語に結びつけ（聴取レベル）、次にそれを正確につづり（単語レベル）、さらに、文法的に正確な文として組み立てる（統辞レベル）必要があるため、持てるフランス語力のすべてを動員しなければなりません。したがって、いわゆるディクテの練習のみならず、*Le Monde* などの記事を理解したうえで、書き写すといった地道な作業も、いずれは実を結ぶはずです。もちろん、CD の付いた時事フランス語教材などを利用するのも有効です。とにかくまずは真似から、というのが語学の原点です。

　また、書き取りの場合（記述式の問題全般にも言えることですが）、アクサンの向きや形を明確に書くことも重要です。アクサン・テギュかアクサン・グラーヴか区別のつかない答案や、アクサン・シルコンフレックスの屋根型があいまいな答案とならないよう気をつけましょう。採点は原則的に「怪しきは罰する」の方針でおこなわれることを肝に銘じておいてください。また、1 級レベルで、句読点の名称を知らないのは致命的です。よく復習をしておいてください（1 級なのに « points de suspension » という指示に、そのまま *points de suspension* とつづっている答案が散見されるのは驚きです）。

　なお、以下の解説では、すべて 3 つのレベルに分けて説明してみたいと思います。

練習問題 1

注意事項

　フランス語の文章を、次の要領で 3 回読みます。全文を書き取ってください。
- 1 回目は、ふつうの速さで全文を読みます。内容をよく理解するようにしてください。
- 2 回目は、ポーズをおきますから、その間に書き取ってください（句読点も読みます）。

・最後にもう1回ふつうの速さで全文を読みます。
・読み終わってから3分後に聞き取り試験に移ります。
・数を書く場合は、算用数字で書いてかまいません。

〈CDを聞く順番〉　◎❶ ⇨ ◎❷ ⇨ ◎❶

(07)

解説　フランスにおける羊の飼育と生産をめぐる話題です。イギリスやニュージーランドの生産量におされて、フランス国内の自給率が下がっているという危機感がある一方で、「羊飼い」を独立するビジネスチャンスと見なす若者が現れつつあるのは多少とも心強い、という論調の文章です。

（聴取レベル）話題が特殊なために、1級の受験者にもなじみの薄い単語が多く、それらを聞き取れないケースが多いようです。たとえば、pénibilité、vieillotte、ovine、néo-zélandaise、autonomies、prospérer などがそれらにあたります。とくに、前置詞 de が次の語とエリジョンを起こしているケースを、正確につかめない受験者が多いと思われます。d'agneaux、d'éleveurs、d'autonomie、d'authenticité などを正確に聞き取るには、やはり充実した語彙力が必要です。

（単語レベル）「聴取レベル」であげた単語を中心に、長い単語を正確につづれるかどうかで、高得点を得られるかどうかがきまると言っても過言ではないでしょう。上にあげた例以外にも、mal aimé（*mal-aimé*「愛されていない、嫌われ者」という誤答も見られました）、territoire、dirigeants、britannique、Heureusement、perspectives などの単語のつづりに注意してください。

（統辞レベル）ここでもやはり性数の一致が問題となります。13 millions d'agneaux consommés / 5, 2 millions ont été élevés / la production soit nationale / certains candidats à ce métier se disent séduits など、ごく基本的な一致でミスをしないことが大切です。また、引用符のなかの Nous voudrions qu'au moins 50 à 60 % de la production soit nationale の qu'au moins の箇所が理解できていない受験者が6割に達していました。これは、聴取レベルの問題であると同時に、vouloir を使った構文を把握できるか否かという統辞レベルの問題でもあります。

[I] 1次試験の傾向と対策　書き取り試験

[解答（読まれる文）]　Le métier de berger est mal aimé en raison de sa pénibilité et de son image vieillotte et il risque de disparaître. En effet, la production ovine en France est en recul. Sur 13 millions d'agneaux consommés chaque année, à pcinc 5, 2 millions ont été élevés sur le territoire. « Nous voudrions qu'au moins 50 à 60 % de la production soit nationale », confie un des dirigeants du syndicat d'éleveurs, qui espère résister à la concurrence britannique et néo-zélandaise. Heureusement, certains candidats à ce métier se disent séduits par les perspectives d'autonomie, de liberté et d'authenticité. Ils pensent qu'il n'est pas impossible de faire prospérer un élevage. L'objectif de ces jeunes est de gagner de l'argent comme chefs de leur entreprise.

[練習問題 2]

注意事項

　フランス語の文章を、次の要領で3回読みます。全文を書き取ってください。
・1回目は、ふつうの速さで全文を読みます。内容をよく理解するようにしてください。
・2回目は、ポーズをおきますから、その間に書き取ってください（句読点も読みます）。
・最後にもう1回ふつうの速さで全文を読みます。
・読み終わってから3分後に聞き取り試験に移ります。
・数を書く場合は、算用数字で書いてかまいません。

〈CDを聞く順番〉　　◎❸ ⇨ ◎❹ ⇨ ◎❸

(08)

[解説]　今度は、2012年に予定されている、宇宙でのホテル滞在に関す

る話です。

　（聴取レベル）compte ouvrir ses portes の compte を contre と聞きまちがえた答案が多く見られました。これは統辞レベルでもありえない誤りです。また、pas moins de 4 millions de dollars「4百万ドルを下らない（額）」の pas moins を、par moins と書き写した答案がひじょうにめだちました。これも統辞上ありえませんが、このまちがいは、語尾に r が発音されているか否かを聞き分けることのむずかしさを物語っているでしょう。次に、le tour du monde および le lever du soleil の du を de とつづっているケースも少なくありませんでした。聴取レベルでとくに興味深いのは、île tropicale の île が聞き取れず、tropicale しか書き取っていないケースです。une île tropicale とつづくと、île が une と tropicale の間に埋没してしまうからでしょう。se payer の se を聞き落としている答案もかなりありましたが、これも聞きもらしだと思われます。de ceux qui を、de ce qui、de sous qui、dessous qui と書き取っているケースが多いのも気になります。短い単語や機能語を聞き逃がさないためには、そうした語をふくむ文をいくつも覚えておく必要があるでしょう。

　（単語レベル）逆に長い単語は、つづりのレベルでのまちがいがめだちます。たとえば、aérospatiale「航空宇宙産業」（女性名詞）を、en aérospatial、en aérospacial とつづっている答案が多くありました。さらに、ils bénéficieront の動詞の部分もあやふやで、bénéficiront、bénéficeront そのほか多種多様なつづりまちがいが見つかっています。とくにまちがいの多かったのは、la proportion de ceux qui seraient prêts の seraient prêts の箇所です。なかでも多かったのが、serait prêt、seraient près というまちがいです。la proportion [...] reste inconnue の inconnue にも、inconnu、connu、inconue、unconnue など、存在しない形もふくめさまざまな誤答が見られました。

　（統辞レベル）聴取レベルでも指摘しましたが、compte ouvrir の compte を contre とつづる誤りは、compter という動詞に思いいたらなかったためでしょう。そもそも、このような箇所に前置詞が入るのは不可能なはずです。複数の s や性数の一致での誤りも相変らず多く見られました。主要な単語ないし箇所をあげておくと、d'investisseurs passionnés、île tropicale、des promoteurs などです。落ちついて自分の答案を読み直せば気づくような単純ミスも多いので、細心の注意をはらって見直してください。次に、Les clients devront débourser [...] の débourser のかわりに、déboursé という誤

答を書いた受験者が多かったのは残念です。その前に devront (devoir) という準助動詞があるのですから、不定詞がくるのは少し考えればすぐにわかるはずです。同様に、[...], près de 40 000 personnes dans le monde auraient les moyens de se payer un tel séjour, [...]「世界中で4万人近くの人々が、（その気になれば）こうした宇宙滞在のために奮発できると思われる」で使われている、avoir の推測の条件法現在 auraient を単数の *aurait* と誤答している受験者も少なからず見うけられました。主語が「4万人近くの人々」である以上、複数以外に考えられません。このような統辞上のまちがいを減らすには、集中して見直す必要があります。

[解答（読まれる文）] Le premier hôtel spatial compte ouvrir ses portes en 2012. C'est un projet imaginé par un ancien ingénieur en aérospatiale qui a reçu le soutien d'investisseurs passionnés. Les clients devront débourser pas moins de 4 millions de dollars pour un séjour de trois jours, mais ils pourront faire le tour du monde en 80 minutes et admirer le lever du soleil quinze fois par jour. Pour ce prix, ils bénéficieront aussi d'un entraînement préalable de huit semaines sur une île tropicale. Selon les estimations des promoteurs du projet, près de 40 000 personnes dans le monde auraient les moyens de se payer un tel séjour, mais la proportion de ceux qui seraient prêts à consacrer une telle somme à un voyage dans l'espace reste inconnue.

[練習問題3]

注意事項

　フランス語の文章を、次の要領で3回読みます。全文を書き取ってください。
　・1回目は、ふつうの速さで全文を読みます。内容をよく理解するようにしてください。

・2回目は、ポーズをおきますから、その間に書き取ってください（句読点も読みます）。
・最後にもう1回ふつうの速さで全文を読みます。
・読み終わってから3分後に聞き取り試験に移ります。
・数を書く場合は、算用数字で書いてかまいません。

〈CDを聞く順番〉　◎❺ ⇨ ◎❻ ⇨ ◎❺

(09)

解説　今回は、自分の家を改築し、瀟洒な民宿 chambres d'hôtes として旅行客を泊めることのできる施設にすることが、ここ最近フランスでブームになっている、という話です。

（聴取レベル）冒頭の Que ce soit を Que ce soir としたまちがいが多く見られました。これは語尾に r が発音されていると勘違いしたか、あるいは、ce soir というひとつのまとまった表現と勘違いしたかのいずれかでしょう。しかし、統辞レベルではありえない文だと判断できるはずです。se constituer を ce constituer とした誤りも、統辞上ありえない単純なミスです。また、On compte aujourd'hui deux créations pour une cessation d'activité. は、「今日では、活動の中止 1 に対し、新たな創造 2 を数える」という意味で、平たく言えば「民宿をやめる人と始める人の比率は 1 対 2 だ」ということになります。この一文の意味がわかりにくかったために、正確に聞き取れない答案が多くありました。とくに On compte のまちがいが多く、Encore 以外にも、En conte、En comte、En compte など意味不明な答案がめだちました。cessation d'activité の cessation も聞き取りづらかったのか、そもそもこの単語を知らなかったのか、cessassion、sensation などの誤答が見うけられました。また、Aménager une chambre d'hôtes en respectant les normes légales [...]「法的基準を守りつつ民宿へと改築すること」という文の les normes légales の箇所でも、des normes égales、l'énorme légale などのさまざまな誤答が見られました。聞こえた音が、全体と整合性のある意味をなしているか、よく確認する必要があります。un revunu qui oscille entrre 1 500 et 3 000 euros の oscille を aussi と勘違いした答案も少なくありません。Certains propriétaires ont aussi eu la bonne idée [...] も聞きづらかったようで、ont tous eu、ont aussi une、ont aussi などのさまざまな誤答例がみつか

っています。最後の à mobilité réduite も、初めて聞いたために意味をとらえそこなった答案がめだちました。*de mobilité réduite*、*à la mobilité réduite*、*à mobilités réduités* などの誤答がありました。des personnes à mobilité réduite は、身体になんらかの障害がある人を指す表現として、最近ひんぱんに使われるようになった表現ですので、このままの形で覚えてください。

（単語レベル）connaît un véritable engouement の部分で、connaît のアクサン・シルコンフレックスを忘れるような基本的ミスは、1級レベルでは避けなければなりません。「熱狂、熱中」（ここでは「熱狂的なブーム」くらいの意味）を意味する engouement という単語の箇所では、*engoûment*、*engoument*、*argument* などの誤答が見られましたが、空欄が圧倒的にめだちました。単語そのものを知らない受験者が多くいたと思われます。また、des activités annexes の annexes にもおなじく、*annéxes*、*annexe*、*annex* など多様な誤答がありました。

（統辞レベル）Que ce soit の部分が Que ce *soir* になっている誤答についてはすでにふれましたが、これは統辞上ありえません。Que ce soit **A** ou **B**「**A** であるにせよ **B** であるにせよ」という副詞節はよく使われますので、慣れておく必要があります。また、Nombreux sont les établissements qui [...]「～する施設は多い」の Nombreux が *Nombreuse* となっている答案も見うけられました。この一文では、主語と動詞が倒置されており、主語の établissements が男性複数であることを理解していれば、女性複数がありえないのはすぐに見当がつくはずです。さらに、音としては正しく聞けていながら、文法上の性数一致ができていないケースとして、des activités annexes directement liées の liées と、Parmi les plus appréciées の appréciées が、かなり多くの答案で *liés*、*appréciés* となっていました。liées が女性複数の名詞 activités を修飾しているのは明白ですし、Parmi les plus appréciées が、Parmi les activitées les plus appréciées の「省略形」であることも、少し考えれば即座にわかるはずです。こうした統辞上のまちがいを減らすためにも、見直すための3分間をより有効に使うよう努めてください。

解答（読まれる文） Que ce soit pour se constituer un complément de revenus ou protéger son patrimoine immobilier, la création de chambres d'hôtes connaît un véritable engouement. En quinze ans, leur nombre a été multiplié par 14. On compte aujourd'hui deux créations pour une cessation d'activité. Aménager une chambre d'hôtes en respectant les normes légales revient en moyenne à 15 000 euros pour un revenu qui oscille entre 1 500 et 3 000 euros par an. Nombreux sont les établissements qui ajoutent une table d'hôtes et développent des activités annexes directement liées aux spécificités de la région. Parmi les plus appréciées : randonnées, sport, œnologie, gastronomie... Certains propriétaires ont aussi eu la bonne idée d'ouvrir leur maison à des personnes à mobilité réduite.

練習問題 4

注意事項

　フランス語の文章を、次の要領で 3 回読みます。全文を書き取ってください。
・1 回目は、ふつうの速さで全文を読みます。内容をよく理解するようにしてください。
・2 回目は、ポーズをおきますから、その間に書き取ってください（句読点も読みます）。
・最後にもう 1 回ふつうの速さで全文を読みます。
・読み終わってから 3 分後に聞き取り試験に移ります。
・数を書く場合は、算用数字で書いてかまいません。

〈CD を開く順番〉　　◎ ❼ ⇨ ◎ ❽ ⇨ ◎ ❼

(10)

[解説] 今回はフランスで本や新聞・雑誌の売り上げが落ちていることを明らかにしつつ、世代間、ならびに親の職業のちがいによる購買傾向の差違について指摘した文章です。3 段階に分けてポイントを指摘しておきましょう。

（聴取レベル）主語の Livres et journaux に冠詞がついていないのに、*Les livres et les journaux*、*Des livres et des journaux* などとした誤答がめだちました。主語にかぎった話ではありませんが、名詞が列挙される場合、冠詞を省略できることは知っておくべきです。また、*Livres des journaux*、*Livres et des journaux* などの誤答も多数ありました。規則を知っていることも重要ですが、そもそも発音されていない音を勝手に想像（創造？）するのはつつしまねばなりません。言いかえれば、ここでは正確な聴取力を、正確な文法的知識と連動させる必要があります。また、le recul de la presse の le recul を *leur recul* とした答案も少なからず見られました。le と leur を聞き分けるのは容易なはずですし、そもそも *leur recul de la presse* では意味が成り立ちません。さらに ces dépenses を *ses dépenses* と記した答案も多かったようです。たしかに、ces と ses ではまったく音は同じですが、後者では意味が成立しないことを確認すべきです。採点者がもっとも驚いたのは、analyses économiques の部分を単数形で *analyse économique* と記した答案が受験者の70％に達していた点です。analyses と économiques の間でリエゾンがおこなわれているのを、聞き逃がした結果だと思われます。こうした点にはふだんから注意してフランス語を聞く練習をせねばなりません。

（単語レベル）Livres et journaux pèsent の pèsent がむずかしかったようで、*pesent*、*pésent*、*thèse*、*pèse*、*pese* などの誤答が多く見られました。動詞 peser は mener と同じ活用パターンですので、再度確認してください。le budget も正確につづれたケースは少なく、*les budget*、*le buget*、*les bugets*、*le budgét* など、基本的なミスをふくむ「多彩な誤答例」が見うけられました。consommateurs のできも悪く、*consomateurs* とした答案が25％近くあり、そのほかにも、*consomateur*、*consommateur* という誤答がかなりの数にのぼりました。proportionnellement にも頭を悩ませた受験者が多かったようです。*proportionellement* とした答案が全体の3分の1以上見られました。-mm-、-nn-、-ll- など子音字が重なる場合にはとくに注意が必要です。

（統辞レベル）まず代名詞を正確に聞き取れなかったケースが2カ所ありますので、そこを指摘しておきましょう。はじめに、Ils en achètent ですが、*Ils ont achètent* ないし *Ils ont achète* とした答案が相当数にのぼりました。統辞上、つまり文法的にこのような単語の並びは成立しえません。さらに、せっかく en が聞き取れているのに、*Ils en achetent*、*Ils en achétent* とした答案がめだちました。次に、直後の mais y consacrent の y consacrent の箇

所が書けていませんでした。とりわけ、*ils consacrent* とした答案が受験者の半分に達していたのは驚きです。たしかに、試験会場で y と ils を聞き分けるのは容易ではないでしょう。しかし、動詞 consacrer が consacrer **A** à **B**「**A** を **B** にささげる、割り当てる」という形をとることは容易に想像できるわけですし、かつ、主語の ils をこれほど近くで繰り返す必要はない、という予想も成り立つはずです。したがって、ここでは、y という中性代名詞が consacrer とともに現れるかもしれない、というある種の身構え、ないしは予感を働かせるべきでした。

最後に文法の知識を総動員すれば防げたはずのミスを 2 つ指摘します。le recul de la presse est davantage lié aux nouvelles habitudes d'achats の lié aux の部分ですが、受験者の 4 分の 1 が *lié au* と書いていました。しかし、habitudes は女性名詞ですし、たとえ単数の *habitude* と聞き誤ったにしても、*lié au* は絶対にありえない形だと気づくべきです。また、[...] la catégorie socioprofessionnelle des parents, et en particulier celle de la mère, influe fortement sur ces dépenses. の influe を *influent* と 3 人称複数に活用した答案が多数ありました。主語と動詞の間に et en particulier celle de la mère という語句が挿入されたために（これは主語 la catégorie の一部を説明する補語にすぎません）、正確な統辞を見失ったと思われます。こうしたある種の「トリッキー」な構文については、3 分間の見直し時間を有効に使って、チェックすべきでしょう。これは、書き取りにおいて文法的知識を軽視してはならない典型例だと言えます。

[解答（読まれる文）] Livres et journaux pèsent de moins en moins lourd dans le budget des Français. Ils en achètent encore, mais y consacrent une part de moins en moins importante de leurs dépenses. Et si la baisse du livre touche toutes les générations, le recul de la presse est davantage lié aux nouvelles habitudes d'achats des jeunes, moins consommateurs de quotidiens et magazines. L'origine sociale joue aussi : la catégorie socioprofessionnelle des parents, et en particulier celle de la mère, influe fortement sur ces dépenses. « Les personnes ayant des parents agriculteurs dépensent proportionnellement plus pour la presse, mais moins pour les livres. Tandis que c'est l'inverse pour les enfants de cadres et de professions libérales », observe un spécialiste en analyses économiques.

練習問題 5

注意事項

　フランス語の文章を、次の要領で3回読みます。全文を書き取ってください。
・1回目は、ふつうの速さで全文を読みます。内容をよく理解するようにしてください。
・2回目は、ポーズをおきますから、その間に書き取ってください（句読点も読みます）。
・最後にもう1回ふつうの速さで全文を読みます。
・読み終わってから3分後に聞き取り試験に移ります。
・数を書く場合は、算用数字で書いてかまいません。

〈CDを聞く順番〉　　◎❾ ⇨ ◎❿ ⇨ ◎❾

(11)

　解　説　今回は障害のある老夫人が航空券予約時に自分の身体状況について十分説明していたにもかかわらず、同伴者がいないとの理由から空港で搭乗を断わられ、旅行にいけなかったという話です。
　（聴取レベル）多くの受験者がつまずいた4ヵ所にしぼって解説します。まず、冒頭の Ma tante を Ma tente とした解答がかなりありました。たしかに発音は同じですが、「障害がある私の60歳のテント」は意味をなしません。次に accès à un vol を accès à en vol というまちがいも相当数ありました。聞き取りにくいのは事実ですが、2つの前置詞 a、en が連続するのは考えにくいので、見直し時に確認が必要です。3つ目は son état physique を son métaphysique と書きまちがえているケースです。métaphysique「形而上学」

は女性名詞ですし、仮にそう聞こえても、航空券の予約で「形而上学」はありえないだろう、と再考すべきでしょう。最後に que l'agent de réservation avait bien noté の que を聞き逃がしたケースです。例年、que、où、qu'on など機能語ないしそれをふくむ表現を聞き取れない答案がめだちますので、気をつけてください。

（単語レベル）Ma tante, handicapée et âgée de 60 ans の handicapée によけいな p がくわわった *handicappée* や、âgée のシルコンフレックスが抜けた *agée* などのまちがいがめだちました。à l'aéroport の「空港」を *aeroport*、*aèroport* などとしたり、l'équipage を *l'equipage* とアクサンを抜かしたり、refus をなぜか *refu*、*refut*、と記したり、あるいは m と n とを混同し、embarquement を *enbarquement* と聞こえたとおりに写したり、などなど、基本語を正確につづれない受験者が多かったのは残念です。

（統辞レベル）あいかわらず性数一致のまちがいがダントツにめだちます。Ma tante, handicapée et âgée de 60 ans を *Ma tante (tente !), handicapé et âgé de 60 ans* とした例や、Ma tante a été obligée の obligée を男性形 *obligé* のまま放置した答案も相当数見られました。1級レベルのまちがいとは言いがたいので、よく注意してください。また、qu'elle ne pouvait pas se déplacer seule の最後を男性形の *seul* とした例も多く見うけられました。見直しの3分間を有効に使うべきです。また、personne ne l'accompagnait および Ce qui la fâche の箇所では、文意を見失ったためか、表現を知らなかったためか、原因はさまざまでしょうが、じつにさまざまな誤答が見られました。l'accompagnait の半過去が理解できないケースや、fâcher が動詞であることを見抜けない例などが、とくにめだっています。語彙力アップは、書き取りの実力向上にとっても不可欠なステップです。

解答（読まれる文）　Ma tante, handicapée et âgée de 60 ans, s'est vu interdire l'accès à un vol à l'aéroport. Le problème est que personne ne l'accompagnait et qu'elle ne pouvait pas se déplacer seule. Parmi les passagers, une infirmière très gentille a proposé à l'équipage de s'occuper de ma tante au cas où. Mais le refus a été formel et ma tante a été obligée de renoncer à son voyage. Ce qui la fâche surtout, c'est qu'elle avait bien parlé de son état physique au moment de réserver son billet et que l'agent de réservation avait bien noté sa déclaration. Et malgré tout, la compagnie a refusé son embarquement au dernier moment.

聞き取り試験

1 一定の長さのテキスト（「聞き取り1」は原則として対話形式）を聞き取り、それに関する質問の答えを空欄にうめて完成させる問題です。最初はおおまかな内容を把握することに努め、1回目の質問が読まれたあとは、その質問内容を中心にして、よりこまかい点に注意をはらいつつテキストを聞いてみましょう。なお、空欄に入る語は、かならずしも読まれたテキストのなかにそのままの形で見いだされるとはかぎりません。とにかく聞き取りに強くなるには、フランス語をシャワーのように浴びる以外にありません。ひと昔前とちがい、フランスのラジオ、テレビなどもインターネットを介して簡単に利用できますし、CDなどの教材も多数あります。もちろん、直接フランス人と話す機会のある人は、存分にそのチャンスをいかしましょう。ただし、聞き取りの総合力は、読解力などの他の能力とも強い相関関係にあることを忘れないでください。

練習問題 1

・まず、Mireille へのインタビューを聞いてください。
・続いて、それについての6つの質問を読みます。
・もう1回、インタビューを聞いてください。
・もう1回、6つの質問を読みます。1問ごとにポーズをおきますから、その間に答えを解答用紙の解答欄にフランス語で書いてください。
・それぞれの（　　　）内に1語入ります。
・答えを書く時間は、1問につき10秒です。
・最後に、もう1回インタビューを聞いてください。
・数を記入する場合は、算用数字で書いてください。
　（メモは自由にとってかまいません）

〈CDを聞く順番〉　⓫ ⇨ ⓬ ⇨ ⓫ ⇨ ⓬ ⇨ ⓫

[I] 1次試験の傾向と対策　聞き取り試験 [1]

(1) Il consiste à faire (　　　) une personne âgée et un étudiant.

(2) Elle a voulu contribuer à résoudre le problème du (　　　) des étudiants et celui de l'(　　　) des personnes âgées.

(3) Oui, il y a une (　　　) aux charges d'eau et d'(　　　).

(4) Pour savoir s'ils sont (　　　) de vivre ensemble en (　　　).

(5) Non, la première année, elle n'a reçu qu'une (　　　) de demandes de la part de personnes âgées.

(6) Elle a mis des (　　　) dans la (　　　).

(読まれるテキスト)

Le journaliste : Vous êtes la fondatrice de l'association *Partage Intergénération*. Quel est son objectif ?

Mireille : Il consiste à arranger la cohabitation d'une personne âgée ayant une chambre disponible et d'un étudiant qui, en échange du logement, lui apporte une aide bénévole à la maison.

Le journaliste : Pourquoi avez-vous inventé un tel système ?

Mireille : J'ai voulu proposer une solution aux étudiants face à la pénurie de logements et aussi remédier à l'isolement des personnes âgées.

Le journaliste : Quelle est la particularité de votre association ?

Mireille : Nous ne faisons pas payer de loyer à l'étudiant. Il n'a qu'à participer aux charges d'eau et d'électricité. Et puis, nous procédons d'avance à des entretiens avec l'étudiant et la personne d'accueil, afin de savoir s'ils ont la capacité de cohabiter harmonieusement.

Le journaliste : Qu'est-ce qui est le plus difficile dans votre travail ?

Mireille : Entrer en contact avec les personnes âgées ! La première année, nous n'avons eu qu'une douzaine de demandes ! Nous avons donc mis beaucoup d'annonces dans la presse pour nous faire connaître.

(読まれる質問)

un : Quel est l'objectif de *Partage Intergénération* ?
deux : Quelle a été l'ambition de Mireille quand elle a créé *Partage Intergénération* ?
trois : Y a-t-il quelque chose à verser de la part de l'étudiant ?
quatre : Pourquoi procède-t-on à des entretiens avec l'étudiant et la personne d'accueil ?
cinq : L'association a-t-elle eu un succès immédiat ?
six : Qu'est-ce que Mireille a fait pour faire connaître son projet auprès des personnes âgées ?

解 説　*Partage Intergénération*（「世代間の共有（共同生活）」）という団体を設立した女性 Mireille に対するインタビューです。この団体は、住居を有するひとり暮らしの高齢者と、部屋を持たない学生との共同生活を実現することを目的に設立されました。

(1) 最初の質問は、ジャーナリストの質問とほぼ同じ形式なので簡単に理解できます。問題は、対話文と印刷された答えの文とが、ことなった構文になっている点です。対話のなかで Mireille は、la cohabitation「同居」という名詞を使っていますが、答えの文では、Il consiste à faire (　　　) une personne âgée et un étudiant.「目的は、高齢者と学生とを同居させることにある」という使役構文になっています。そこで、cohabiter「同居する」という不定詞を入れれば正解となります。

(2) 質問文では Mireille がこの団体を設立した意図を尋ねています。インタビューのなかで彼女は、学生の住宅難と高齢者の孤立を同時に解決したかった、という主旨の発言をしています。そこで、インタビューで使われている2つの名詞を入れ、Elle a voulu contribuer à résoudre le problème du (logement) des étudiants et celui de l'(isolement) des personnes âgées.「彼女は、学生の住宅難（住宅問題）と高齢者の孤立の問題を解決するうえで力になりたかった」とすれば正解になります。

(3) 質問文で使われている verser という動詞は、「（口座などに）振り込む、支払う」という意味です。インタビューのなかで Mireille は、学生は家賃を払わなくてもよい、ただ、Il n'a qu'à participer aux charges d'eau et d'électricité.「水道代と電気代を分担しさえすればよい」と述べています。答えの文では名詞 une (participation)「分担、負担」が要求されていますので注意してください。また、électricité のつづりもまちがえやすいので正確に覚えてください。

(4) Pourquoi procède-t-on à des entretiens avec l'étudiant et la personne d'accueil ?「なぜ学生および受け入れる側に対し面接を実施するのですか」という質問です。インタビューで Mireille は、[...] afin de savoir s'ils ont la capacité de cohabiter harmonieusement.「両者が仲よく同居できるかどうかを知るため」と答えています。ここでは、名詞の capacité を形容詞（複数）の (capables) に、副詞の harmonieusement を、名詞を使った副詞句の en

(harmonie) に変換する必要があります。

(5) 団体の活動はすぐに成果をあげたか、という主旨の質問です。ジャーナリストの質問に対し Mireille は、高齢者とコンタクトをとるのが困難で、1年目は10あまりしか申し込みがなかったと嘆いています。彼女は「1ダース」を意味する douzaine という単語を使っていますので、それを正確につづれば正解です。

(6) 上記の状況を打開するために、Mireille は、Nous avons donc mis beaucoup d'annonces dans la presse pour nous faire connaître.「そこで自分たちの存在を知ってもらうために、新聞雑誌などに多くの広告を掲げた」と言っています。この文に登場する annonces と presse をそのまま空欄に入れれば正しい解答となります。なお、annonces と複数にするのを忘れないでください。

解　答　(1) (cohabiter)　　　　　　(2) (logement) (isolement)
　　　　　(3) (participation) (électricité)　(4) (capables) (harmonie)
　　　　　(5) (douzaine)　　　　　　 (6) (annonces) (presse)

練習問題 2

・まず、山小屋を経営する Lucien へのインタビューを聞いてください。
・続いて、それについての6つの質問を読みます。
・もう1回、インタビューを聞いてください。
・もう1回、6つの質問を読みます。1問ごとにポーズをおきますから、その間に答えを解答用紙の解答欄にフランス語で書いてください。
・それぞれの（　　　）内に1語入ります。
・答えを書く時間は、1問につき10秒です。
・最後に、もう1回インタビューを聞いてください。
・数を記入する場合は、算用数字で書いてください。
（メモは自由にとってかまいません）

〈CD を聞く順番〉　⑬ ⇨ ⑭ ⇨ ⑬ ⇨ ⑭ ⇨ ⑬

130

(1) C'est un ancien (　　) de bergers plus ou moins (　　).

(2) Dans un endroit auquel les (　　) ne peuvent pas accéder au moins une partie de l'année.

(3) Cuisine, gestion, (　　) nouvelles ou encore apprentissage d'une langue étrangère.

(4) Elle se compose pour plus de 40 % de (　　) aguerris et pour le reste d'une clientèle (　　).

(5) Il sert des (　　) faits à base de produits biologiques et les chambres sont (　　) à la bougie.

(6) C'est le toit dont l'(　　) partielle leur (　　) de contempler les étoiles.

(読まれるテキスト)

La journaliste : Vous tenez un refuge avec votre femme en Savoie. D'abord, pouvez-vous m'expliquer ce que c'est qu'un refuge ?

Lucien : En un mot, c'est un ancien abri de bergers plus ou moins rénové. Selon le décret de mars 2007, un refuge doit être situé dans un endroit inaccessible aux véhicules pendant au moins une partie de l'année.

La journaliste : Avez-vous reçu une formation spéciale pour

devenir gardien de refuge ?

Lucien : Oui, à l'université de Toulouse. On a eu au programme : cuisine, gestion, énergies nouvelles ou encore apprentissage d'une langue étrangère.

La journaliste : Tout ça pour recevoir des alpinistes ?

Lucien : Pas tout à fait. C'est vrai que les randonneurs aguerris représentent encore plus de 40 % de nos clients, mais les promeneurs qui viennent en famille pour un ou deux jours sont presque aussi nombreux.

La journaliste : Est-ce que vous faites quelque chose de spécial pour vous adapter à cette nouvelle clientèle ?

Lucien : Oui, on a fait de notre refuge un espace entièrement écologique. Par exemple, on cuisine uniquement à base de produits de saison et biologiques. Notre refuge vante aussi les charmes de l'éclairage à la bougie.

La journaliste : Avez-vous quelque chose d'attirant pour les familles avec des enfants ?

Lucien : Bien sûr ! C'est le toit de notre refuge, car une partie s'ouvre tous les soirs pour qu'on puisse contempler les étoiles au télescope.

（読まれる質問）

un : D'après Lucien, qu'est-ce que c'est qu'un refuge ?

> deux　：Dans quel genre d'endroit un refuge doit-il être situé ?
> trois　：Qu'est-ce qui était au programme de la formation que Lucien a reçue ?
> quatre ：Quelle clientèle Lucien a-t-il ?
> cinq　：Que fait Lucien pour adapter son refuge à son nouveau type de clients ?
> six　　：Dans le refuge de Lucien, qu'est-ce qui plaît surtout aux familles avec des enfants ?

(08)

解説　山岳地帯にある昔の羊飼いの小屋を改造して、山小屋を営んでいる男性へのインタビューです。なお、(4)(5)(6)では聞き取った語を変形する必要が生じますので注意が必要です。

(1)「Lucien によれば、山小屋（refuge）とは何ですか」という質問です。解答は Lucien の最初の答えをほぼそのまま引き写したものですので、やさしいでしょう。Lucien は、En un mot, c'est un ancien abri de bergers plus ou moins rénové.「ひと言で言えば、昔の羊飼いの避難所を多かれ少なかれ改修したものです」と述べていますから、空欄には順に abri、rénové が入ります。テキストでは読まれていませんが、rénové のかわりに、restauré、refait、aménagé、réaménagé などの類義語を入れることも可能です。なお、abri を abris、abrit、abli とつづってしまった誤答が少なからずありました。rénové のつづりまちがいで多かったのは、renové、rénouvé、rénovés でした。とくに単数を複数にするようなケアレスミスは避けたいものです。

(2)「山小屋（refuge）はどのような場所に位置している必要がありますか」という質問です。インタビューのなかで Lucien は、「2007 年 3 月の政令によると、山小屋（refuge）は、少なくとも 1 年のうち一定期間は、乗り物（車両）が入ってこられない場所に位置していなければなりません」と答えています。したがって空欄には véhicules が入ります。なお、automobiles、automobilistes、voitures などを入れることも可能です。vehicules、vehicle

133

などのつづりまちがいが散見されたのは残念です。発音とアクサンの関係は正確に覚えてください。

(3)「Lucien が受けた教育内容にはどのようなものがありましたか」という質問です。これに対する答えは、Lucien の2番目の返答にそのまま見いだされます。ここでは (énergies) nouvelles となります。耳で聞いただけではわかりませんが、印刷された文の形容詞 nouvelles が複数になっていることに注意してください。énergies を単数にした答案が数多く見うけられました。その他のつづりミスとしては、*energies*、*énergies* などが散見されました。

(4)「Lucien にはどのようなお客さんがいますか」という質問です。インタビューのなかで彼は、randonneurs aguerris「(鍛えられた) 山歩きの達人」が全体の40％以上を占めるが、les promeneurs qui viennent en famille pour un ou deux jours「1日か2日の予定で、家族でやって来る散策者たち」も同じくらい存在すると述べています。この2種類の客層を書き込めばいいわけです。ただし、1つ目の空欄は Lucien の使った randonneurs をそのまま記入するだけでよいのですが、2つ目には多少の変形が必要です。[...] une clientèle (　　　). と印刷されていますから、名詞の famille ではなく、形容詞形の familiale を書き込む必要があるのです。randonneurs のつづりミスでは、*rendonneurs* がめだちました。また、familiale の誤答としては、無回答のものと、名詞の *famille* をそのまま書き込んだものがもっとも多かったようです。そのほかにも、*familière*、*familliale* など奇妙なつづりミスが続出していました。

(5)「山小屋 (refuge) を新しいタイプの客層に合わせるために、Lucien はどんなこと (工夫) をしていますか」という質問です。これに対し彼は、環境に配慮した工夫をしており、たとえば、[...] on cuisine uniquement à base de produits de saison et biologiques「季節ごとの有機農法による生産物しか使わずに料理している」と答えています。さらに、Notre refuge vante aussi les charmes de l'éclairage à la bougie.「私たちの小屋の部屋は、ロウソクの明かりという魅力にもあふれています」と付け加えています。この2点をもとに、答えを記入するわけですが、ここでも変形の工夫が必要です。まず第1点目ですが、印刷された答えには、Il sert des (　　　) faits à base de produits biologiques「彼は有機農法で作られた生産物をもとに調理した (　　　) を出している」とありますから、空欄には「食事」を意味する repas を入れると正解になります。同義語の plats、mets も可能です。ただし誤答

134

例として多かった *cuisines* は「料理一般」ないし「料理法」を意味し、動詞 servir とは結びつきませんので注意してください。次に2番目ですが、[...] et les chambres sont (　　　) à la bougie「それに部屋はロウソクで（　　　）」とありますから、空欄には「照らされている」を意味する動詞の過去分詞の女性複数形 (éclairées) を、思いつく必要があります。ここでも名詞の *éclairage* をそのまま記入した誤答例や、*écla*i*rés* のように男性複数形にしたミスが散見されました。

　(6)「Lucien の山小屋（refuge）で、子ども連れの家族にとくに喜ばれるのは何ですか」という質問です。インタビューへの答えで彼は、「それは小屋の屋根ですね。というのも、その一部は毎晩開くので、望遠鏡を用いて星を眺められるからです」と答えています。Lucien の [...] car une partie s'ouvre tous les soirs pour qu'on puisse contempler les étoiles [...] という表現が、印刷された答えでは、C'est le toit dont l'(　　　) partielle leur (　　　) de contempler les étoiles.（あえて直訳します）「その部分的な開口が星を眺めるのを可能にする屋根です」という構文に変えられています。したがって空欄には順に、ouverture、permet が入ることになります。1つ目の ouverture を思いつかなかった受験者はひじょうに多かったようです。*ouvrage*、*ouvert*、*espace* などの誤答も散見されました。2つ目の permet の誤答例でもっとも多かったのは *téléscope* でした。つづりミス以前に（正しくは télescope）、統辞上ここに名詞が入るはずがないので、構文をよく吟味する必要がありそうです。*permettre*、*perm*i*t* などのまちがいも見られました。

解　答　(1)　(abri) (rénové)　　(2)　(véhicules)
　　　　　(3)　(énergies)　　　　(4)　(randonneurs) (familiale)
　　　　　(5)　(repas) (éclairées)　(6)　(ouverture) (permet)

練習問題3

・まず、Laurent へのインタビューを聞いてください。
・続いて、それについての6つの質問を読みます。
・もう1回、インタビューを聞いてください。
・もう1回、6つの質問を読みます。1問ごとにポーズをおきますから、その間に答えを解答用紙の解答欄にフランス語で書いてください。

・それぞれの（　）内に1語入ります。
・答えを書く時間は、1問につき10秒です。
・最後に、もう1回インタビューを聞いてください。
・数を記入する場合は、算用数字で書いてください。
（メモは自由にとってかまいません）

〈CDを聞く順番〉　　⑮ ⇨ ⑯ ⇨ ⑮ ⇨ ⑯ ⇨ ⑮

(1) Ils étaient (　　) à la suite d'une maladie qu'ils avaient eue dans leur (　　).

(2) Il a surtout (　　) des camarades (　　) dans les combats.

(3) C'est la (　　) de la guerre.

(4) Laurent a été (　　) prêtre.

(5) On lui a demandé pourquoi on ne (　　) pas la messe en langue des (　　).

(6) Non, il a pris sa (　　) en (　　).

（読まれるテキスト）

La journaliste : Vous êtes né en 1932 en Bretagne et vous êtes un prêtre un peu particulier. Vos parents aussi étaient peu communs.
Laurent : Oui, mes parents étaient sourds tous les deux, parce qu'ils avaient perdu l'ouïe à la suite

136

d'une maladie qu'ils avaient eue quand ils étaient adolescents.

La journaliste : Quand vous étiez au séminaire, on était en pleine guerre d'Algérie.

Laurent : En effet. J'ai été mobilisé et j'ai surtout enterré des copains tués dans les combats. C'est cette misère qui m'a définitivement poussé en religion. J'ai ainsi été ordonné prêtre en 1960.

La journaliste : Six ans après, un événement extraordinaire a eu lieu dans votre vie.

Laurent : Ça s'est passé à Quimper. Dans un rassemblement de malentendants, un jeune m'a demandé pourquoi on ne célébrait pas la messe en langue des signes. J'ai alors repensé à ma mère. Quand mon père est mort, elle a assisté à une messe mais elle n'y a rien compris. Je me suis dit : « Plus jamais ça ! »

La journaliste : Et alors ?

Laurent : Le lendemain, je suis allé voir mon évêque et je lui ai demandé de m'autoriser à célébrer la messe en langue des signes pour ceux qui n'entendent pas. Depuis, j'ai parcouru la Bretagne, la Normandie et la Vendée jusqu'au mois de mars où j'ai pris ma retraite.

（読まれる質問）

```
un    : Quelle est la particularité des parents de Laurent ?
deux  : Qu'est-ce que Laurent a fait en Algérie ?
trois : Qu'est-ce qui a déterminé la vocation de Laurent ?
quatre: Qu'est-ce qui s'est passé en 1960 ?
cinq  : Dans le rassemblement de 1966, sur quoi Laurent
        a-t-il été interrogé ?
six   : Laurent continue-t-il à travailler ?
```

(09)

解説 今回は、長年にわたり手話でミサをあげてきた司祭へのインタビューです。Laurent が司祭となった経緯や、手話でミサをおこなうようになった契機について、具体的にインタビューの中で答えていますので、話の概要をつかむのは比較的やさしいと思われます。

(1)「Laurent の両親にはどのような特徴がありますか」という質問です。インタビューのなかで Laurent は、[...] mes parents étaient sourds tous les deux, parce qu'ils avaient perdu l'ouïe à la suite d'une maladie qu'ils avaient eue quand ils étaient adolescents.「私の両親はふたりとも耳が聞こえません。というのも、若いとき（青年期）にかかった病気がもとで聴覚を失ってしまったからです」と述べていますから、空欄のなかには順に sourds、adolescence が入ります。sourds はインタビューのなかと同じですので問題ありませんが、インタビューのなかでは、quand ils étaient adolescents となっていた箇所が、質問への答えでは、dans leur (   ) と名詞を要求する形になっていますので、adolescence と変形する必要が生じます。jeunesse を入れることも可能です。sourds の誤答例としては、*sours*、*perdus*、*morts* などが、adolescence の誤答例としては、*adlescence*、*adolescent*、*adole*ss*ent*、*ado*r*essant* などがめだちました。

(2)「Laurent はアルジェリアで何をしましたか」という質問です。インタビューのなかで彼は、J'ai été mobilisé et j'ai surtout enterré des copains tués dans les combats.「私は動員され、とりわけ戦闘で死んだ仲間を埋葬し

ました」と述べていますから、空欄には順に enterré、tués をそのまま入れれば正解となります。enterré のかわりに inhumé を入れても正解です。誤答例としては、*entré*、*intéré*、*intérêt*、*entéré* など多様な例が見られました。enterrer は « en + terre »「土のなかに入れる」を原義とする基本単語ですからぜひ覚えてください。2番目の（　　）の直前は、des camarades (tués) dans les combats と少し変化していますが、修飾する名詞 camarades が対応するインタビュー内の単語は copains と男性複数なので、tués とするのが適当です（camarade という単語自体は e で終わるので男女同形です）。これ以外に、abattus、assassinés、décédés、massacrés、morts、tombés などの類義語も正解としました。

(3)「Laurent が天職を選ぶのを決定づけた要因は何ですか」という質問です。インタビューのなかで彼は、C'est cette misère qui m'a définitivement poussé en religion.「私を宗教の世界へと決定的にみちびいたのは、その（＝戦争の）悲惨さです」と述べていますから、空欄にはそのまま misère を入れることになります。*misère*、*mobilisation*、*cause*、*vocation*、*fin*、*religion* などの誤答例がありました。

(4)「1960年にはどんなことが起こりましたか」という質問です。インタビューのなかで Laurent は、J'ai ainsi été ordonné prêtre en 1960.「こうして私は1960年に司祭に叙階されました」と述べていますから、空欄にはそのまま ordonné が入ることになります。「～を叙階する、聖職に任命する」という意味の ordonner について辞書で確認しておいてください。誤答例としては、*ordoné*、*devenu* などが見られました。

(5)「1966年の集会で、Laurent はどのようなことを尋ねられましたか」という質問です。インタビューでは1966年という年代は出てきませんが、1960年に司祭に叙階された Laurent に対しインタビュアーが Six ans après, un événement extraordinaire a eu lieu dans votre vie.「その6年後、あなたの人生に特別な出来事が起こりましたね」と言っていますので、1966年のことがそのあと話題になっていると見当をつける必要があります。そのコメントに対し、Laurent は、「耳の不自由な人々の集まりで、ある若者がなぜ手話でミサをおこなわないのかと私に質問してきました」と述べていますから、空欄には順に célébrait、signes が入ります。célébrait の箇所では、*célèbre*、*célére*、*célèbrait*、*cérébrait* などの誤答例が多く見られました。なお主節が On lui a demandé pourquoi [...] と複合過去であり、時制の一致

が起こりますので、3人称単数の直説法現在形 *célèbre* は正解とは認められません。他方、célébrait のかわりに disait を入れても正解としました。また「手話」は langue des (signes) のみならず langue des mal(-)entendants とも言いますので、mal(-)entendants も正解としました。ただし、signes と複数にすべきところを signe と単数にした場合は誤答となりますので注意してください。

(6)「Laurent は今でも働きつづけていますか」という質問です。これに関し彼は Depuis, j'ai parcouru la Bretagne, la Normandie et la Vendée jusqu'au mois de mars où j'ai pris ma retraite.「以来、この3月に退職するまで、私はブルターニュ、ノルマンディー、ヴァンデの各地方をくまなくまわって（手話によるミサをあげて）きました」と答えていますから、retraite、mars をそのまま空欄に入れれば正解です。ただし、mars を入れるべき空欄に、なぜか *Bretagne*、*Normandie*、*1966* などの誤答例がめだったのは意外です。なお、司祭には管轄の地域があります。地域名から察するに、Laurent の場合はフランス北西部が中心だったようです。

解　答 　(1) (sourds) (adolescence)　　(2) (enterré) (tués)
　　　　　 (3) (misère)　　　　　　　　　(4) (ordonné)
　　　　　 (5) (célébrait) (signes)　　　　(6) (retraite) (mars)

練習問題 4

・まず、Virginie へのインタビューを聞いてください。
・続いて、それについての6つの質問を読みます。
・もう1回、インタビューを聞いてください。
・もう1回、6つの質問を読みます。1問ごとにポーズをおきますから、その間に答えを解答用紙の解答欄にフランス語で書いてください。
・それぞれの（　　）内に1語入ります。
・答えを書く時間は、1問につき10秒です。
・最後に、もう1回インタビューを聞いてください。
・数を記入する場合は、算用数字で書いてください。
（メモは自由にとってかまいません）

[I] 1次試験の傾向と対策　聞き取り試験 1

〈CDを聞く順番〉　⑰ ⇨ ⑱ ⇨ ⑰ ⇨ ⑱ ⇨ ⑰

(1)　Elle a fait de l'(　　) pendant huit ans.

(2)　C'est la (　　) en civil de magasins et d'établissements (　　).

(3)　C'est le fait d'être (　　) comme elle le souhaitait.

(4)　Oui, ce n'est pas un milieu (　　) contrairement à ce que l'on (　　).

(5)　Ce sont les (　　) qui sont difficiles à (　　).

(6)　Elle veut avoir de l'(　　) dans l'entreprise pour devenir (　　) d'équipe.

(読まれるテキスト)

Le journaliste : Virginie, vous êtes agent de sécurité à Toulouse. Quel a été votre chemin avant d'exercer ce métier ?
Virginie : Après la fac, j'ai fait de l'intérim pendant huit ans : télé-prospection, logistique, commis de cuisine. C'est vraiment par hasard que la fonction d'agent de sécurité est venue à moi.
Le journaliste : Quel est votre rôle ?
Virginie : Mon rôle est de surveiller en civil des magasins et des établissements bancaires.

Le journaliste : Parmi les agréments de votre profession, lequel retenez-vous d'abord ?

Virginie : L'indépendance, c'est ce que je souhaitais.

Le journaliste : Vous vous entendez bien avec vos collègues masculins ?

Virginie : Oui, très bien. Ce n'est pas un milieu misogyne contrairement à ce que l'on croit.

Le journaliste : Quels sont les inconvénients inhérents à votre métier ?

Virginie : Les horaires sont parfois lourds à gérer : des sessions de douze heures, ou bien commencer à une heure et demie du matin...

Le journaliste : Quels sont vos espoirs, vos attentes concernant votre activité ?

Virginie : J'ai dix ans d'expérience et je souhaite avoir de l'avancement dans l'entreprise pour devenir chef d'équipe.

(読まれる質問)

un : Qu'est-ce que Virginie a fait après la fac, avant de devenir agent de sécurité ?

deux : Quel est le rôle actuel de Virginie ?

trois : Parmi les aspects positifs de sa profession, lequel Virginie retient-elle d'abord ?

quatre : Virginie s'entend bien avec ses collègues masculins ?

cinq : Quels sont les inconvénients du métier de Virginie ?

six : Quels sont les espoirs de Virginie concernant son

[I] 1 次試験の傾向と対策　聞き取り試験 ①

activité ?

(10)

解説　今回は、大学を卒業後さまざまな臨時雇い（アルバイト）を経験したのち、警備会社の職員に採用された女性へのインタビューです。

(1)「Virginie は大学を卒業後、現在の警備会社の社員になるまで何をしていましたか」という質問です。インタビューのなかで Virginie は、Après la fac, j'ai fait de l'intérim pendant huit ans : télé-prospection, logistique, commis de cuisine.「学部卒業後、8 年間臨時雇いの仕事をしていました。電話によるマーケット・リサーチだとか、製品管理だとか料理の手伝いなどです」と答えていますので、空欄には intérim をそのまま入れればよいわけですが、3 分の 1 ほどの受験者が intérime と誤答しました。さらに、interime、intérium、interim、antelirm、entérieme など、さまざまな誤答例がみつかりました。intérim「臨時雇い、アルバイト」という語自体を知らなかった受験者が多かったようです。なお intérim はラテン語の副詞 interium「～の間に」に由来し、さらにこの語は、おなじくラテン語の inter という前置詞にさかのぼります。フランス語で関連するのは、entre「～の間に」という前置詞です。こう見てくると「用事の合間におこなう仕事」というイメージがつかめると思われます。なお、intérim から派生した形容詞（および名詞）の intérimaire も覚えておきましょう。

(2)「Virginie の現在の役目は何ですか」という質問です。インタビューのなかで彼女は、Mon rôle est de surveiller en civil des magasins et des établissements bancaires.「私の役目は、私服姿で商店や銀行を見まわる（監視する）ことです」と述べています。一方、答えのほうの文では、C'est la (　　　) en civil de magasins et d'établissements (　　　). となっています。最初の空欄に名詞が入るのは一目瞭然なので、動詞 surveiller の名詞形 surveillance を入れれば正解です。その他、garde、protection なども正解として認めました。なお誤答例として多かったのは、surveillence、surveillante です。2 番目の空欄には bancaires をそのまま入れれば完成ですが、単数の bancaire を入れた受験者が多く残念です。こうしたケアレスミスには十分に注意しましょう。なお、banquaires、banquaire、banquer、banquère などのつづりミスも多く見られました。

(3)「Virginie の職のさまざまなプラス面のうち、彼女がもっともありがたいと思っているのは何ですか」という質問です。インタビューのなかで彼女は、L'indépendance, c'est ce que je souhaitais.「自主独立です。それこそ私がずっと追い求めていたものですから」と答えています。一方、答えの文ではC'est le fait d'être (　　　) comme elle le souhaitait. と構文が変換されていますので、空欄には indépendante という女性形容詞（単数）に変えて入れる必要があります。*indépendant*、*indépendente*、*indépendant*、*indépendance* などの誤答例がありました。

(4)「Virginie は男性の同僚とうまくやっていますか」という質問です。インタビューのなかで彼女は、Oui, très bien. Ce n'est pas un milieu misogyne contrairement à ce que l'on croit.「ええ、ひじょうにうまくやっています。みなさんの思っているのとはちがい、女性蔑視の職場ではありませんよ」と述べていますから、空欄には順に misogyne、croit を入れれば正解となります。最初の misogyne が難関だったようです。ほぼ 4 分の 1 の受験者が *misogine* と誤答しました。そのほか、*misosine*、*mysogine*、*misojine* などの誤答例も見うけられました。音はほぼ正確に聞き取れているのに、自分の語彙力の範疇を逸脱していたか、あるいは、つづりがあやふやだったのか、そのいずれかだと思われます。なお、misogyne 以外に、miso、sexiste、machiste、macho も正解としました。ちなみに、misogyne はそれぞれ「嫌う」、「女性」を意味する合成語要素 miso-、-gyne が語源となっています。モリエールの有名な芝居『人間嫌い』*Le Misanthrope* も、「人間」anthropos が「嫌い」miso- と連結した語です。反対語は philanthrope「博愛家、慈善家」となります。phil(o)- が「愛する、好む」の合成語要素となっています。ここから philosophie「哲学（sophos 智を愛する）」という単語とつながるのは一目瞭然ですね。さて、後者の空欄に入るべき croit のほうはよくできていましたが、*croît*、*croie* などの誤答例が散見されました。なお croit 以外に、pense、imagine、suppose、dit、répète なども正解としました。

(5)「Virginie の仕事の不都合な点は何ですか」という質問です。彼女はインタビューのなかで、Les horaires sont parfois lourds à gérer : des sessions de douze heures, ou bien commencer à une heure et demie du matin...「12 時間ぶっ通しの仕事や、午前 1 時半に始まるケースもあるから、勤務時間のやりくりで苦労することがたびたびある」と述べています。答えのほうの文は Ce sont les (　　　) qui sont difficiles à (　　　). と強調構文になっては

いますが、それぞれ horaires、gérer をそのまま入れればよいことは、比較的簡単に思いつくと思われます。しかし実際の試験では、1割以上の受験者が horaires を入れるべき空欄に対し無回答でした。この語に「時刻表、営業・業務時間、労働時間、時間割」などの意味があることを覚えてください。誤答例としては、*horraires*、*heures*、*métiers*、*oreilles* などがありました。後半の gérer に関しても1割以上の受験者が無回答でした。「管理する」を意味するこの gérer から、gestion「管理、運営、業務執行」という名詞が派生している点にも注意しつつ、この単語をぜひ覚えてください。なお誤答例としては、*gerer*、*travailler*、*expliquer* などがありました。

(6)「Virginie は職場での活動面でどのような希望をもっていますか」という質問です。彼女はインタビューのなかで J'ai dix ans d'expérience et je souhaite avoir de l'avancement dans l'entreprise pour devenir chef d'équipe.「私には10年の経験がありますので、昇進して、チームリーダーになりたいと願っています」と答えています。そこで空欄には順に avancement、chef と入れればよいわけです。chef 以外に、responsable、cheffe（スイスの用法）も正解としました。

解答 (1) (intérim)　　(2) (surveillance) (bancaires)
　　　　(3) (indépendante)　(4) (misogyne) (croit)
　　　　(5) (horaires) (gérer)　(6) (avancement) (chef)

練習問題 5

・まず、Patricia へのインタビューを聞いてください。
・続いて、それについての6つの質問を読みます。
・もう1回、インタビューを聞いてください。
・もう1回、6つの質問を読みます。1問ごとにポーズをおきますから、その間に答えを解答用紙の解答欄にフランス語で書いてください。
・それぞれの（　　）内に1語入ります。
・答えを書く時間は、1問につき10秒です。
・最後に、もう1回インタビューを聞いてください。
・数を記入する場合は、算用数字で書いてください。
（メモは自由にとってかまいません）

〈CD を聞く順番〉　◎❶ ⇨ ◎❷ ⇨ ◎❶ ⇨ ◎❷ ⇨ ◎❶

(1) Elle est chargée de la (　　　) génétique des espèces, tout en faisant les plans d'(　　　) et de reproduction.

(2) Non, mais elle discute de leur (　　　) avec les vétérinaires.

(3) Parce qu'il ne correspondait pas à son intérêt pour la (　　　) des espèces et des milieux (　　　).

(4) Il faut être (　　　) et (　　　).

(5) Des compétences en statistiques et en (　　　).

(6) De faire beaucoup de (　　　) pour apprendre le (　　　) des zoos.

(読まれるテキスト)

Le journaliste : Patricia, vous travaillez comme biologiste en zoo. Mais que faites-vous exactement ?
Patricia : Je m'occupe de la gestion génétique des espèces et je fais les plans d'élevage et de reproduction.
Le journaliste : Vous soignez les animaux aussi ?
Patricia : Non. Il y a des vétérinaires pour ça. Mais je discute avec eux de l'alimentation des animaux.

Le journaliste : Vous n'avez jamais voulu devenir vétérinaire ?

Patricia : Si. Mais le métier de biologiste correspondait plus à mes attentes. Je m'intéressais à la conservation des espèces et des milieux naturels.

Le journaliste : Quelles sont les qualités nécessaires dans votre métier ?

Patricia : Il faut être très disponible. Car les animaux sont là tout le temps. Puis avoir une grande curiosité. Car nous avons toujours de nouvelles techniques à apprendre.

Le journaliste : Et pour les connaissances scientifiques ?

Patricia : La biologie, bien sûr. Mais il faut être compétent aussi en statistiques et en informatique.

Le journaliste : Un mot pour les personnes intéressées par le métier de biologiste en zoo ?

Patricia : Il vaut mieux faire beaucoup de stages. Cela permet d'apprendre le fonctionnement de différents zoos.

（読まれる質問）

un : En quoi consiste le travail de Patricia au zoo ?
deux : Patricia soigne-t-elle aussi les animaux ?
trois : Pourquoi Patricia n'a-t-elle pas choisi le métier de vétérinaire ?

quatre : D'après Patricia, comment faut-il être pour être biologiste en zoo ?

cinq : D'après Patricia, en dehors de la biologie, quelles sont les compétences scientifiques nécessaires à son métier ?

six : Qu'est-ce que Patricia conseille aux personnes qui veulent devenir biologiste en zoo ?

(11)

解説 今回は動物園で働く女性の生物学者へのインタビューです。

(1)「動物園での Patricia の仕事はどのようなものですか」という質問です。インタビューのなかで彼女は、Je m'occupe de la gestion génétique des espèces et je fais les plans d'élevage et de reproduction.「私は種の遺伝子管理と、飼育および生殖の計画にたずさわっています」と述べていますので、空欄には順に gestion、élevage を書き入れます。代表的誤答例としては、gestion を *géstion*、élevage を *évage*、*élvage*、*él*é*vage*、*élevages* などとしたケースがあげられます。

(2)「Patricia は動物の世話（治療）もしますか」という質問です。インタビューのなかで彼女は、それは獣医の仕事だが、je discute avec eux de l'alimentation des animaux「それでも動物のえさに関しては獣医と相談します」と答えていますから、空欄には alimentation を入れます。そのほか、nutrition、nourriture、régime、diète も正答として認められます。誤答例としては、複数形の *alimentations* が多かったのですが、直前の所有形容詞 leur が単数なので、注意すれば避けられるまちがいです。

(3)「なぜ Patricia は獣医の仕事を選ばなかったのですか」という質問です。インタビューのなかで彼女は、生物学者のほうが自分の関心により適合していたこと、および自分は種と自然環境の保全に関心があったから、という主旨の発言をしています。そこで聞こえてきた conservation、naturels を順に空欄に入れると正解になります。conservation 以外にも、préservation、protection は類語として正答と言えます。

(4)「Patricia によると、動物園の生物学者になるには、どのような性質が求

められますか」という質問です。インタビューのなかで Patricia は、動物はいつなんどき自分たちを必要とするかわからないから、Il faut être très disponible.「時間のやりくりがつけやすくないといけない」と述べています。さらに、Puis avoir une grande curiosité. Car nous avons toujours de nouvelles techniques à apprendre.「つねに新技術を学ばねばなりませんから、好奇心旺盛である必要があります」と付け加えています。解答欄は Il faut être (　　) et (　　). ですから、curiosité のほうは形容詞の curieux（あるいは curieuse）を入れる必要があります（disponible は e で終わる形容詞で男女同形なので、curieux、curieuse のいずれでも整合性はとれます）。

(5)「Patricia によれば生物学以外に、彼女の職業に必要な専門的知識は何ですか」という質問です。インタビューでは、il faut être compétent aussi en statistiques et en informatique「同時に統計学と情報処理についての能力も必要です」と述べていますから、空欄には informatique を入れると正答です。統計学は、実際の統計を複数で示すことから statistiques と複数になっているため、これに引きずられて *informatiques* と複数にした答案が多く見られました。しかし情報処理学の場合は、単数で総体を表わす名詞ですので、これはまちがいです。こうした微妙な知識は、辛抱づよく身につけていく以外にありません。

(6)「動物園の生物学者をめざしている人に Patricia はどのような助言をしていますか」という質問です。インタビューのなかで彼女は、Il vaut mieux faire beaucoup de stages. Cela permet d'apprendre le fonctionnement de différents zoos.「研修を多くこなしたほうがよいでしょう。そうすれば、さまざまにことなる動物園のようすが学べますから」と述べています。空欄には stages、fonctionnement をこの順に入れます。beaucoup de stages と言っているので、単数の *stage* は誤答です。

解　答　(1) (gestion)(élevage)　(2) (alimentation)
(3) (conservation) (naturels)
(4) (disponible) (curieux / curieuse)（解答の順序は問わない）
(5) (informatique)　(6) (stages) (fonctionnement)

2 内容一致を問う正誤問題（「聞き取り2」は原則として、モノローグないし3人称の説明文）

です。正誤を判断するこの形式の問題は毎回高得点率をあげているものですが、早とちりは禁物です。落ちついて話のポイントを把握するように心がけましょう。なお、1回目は内容をおおづかみに把握し、2回目にポイントになりそうな点をメモするとよいでしょう。問題文をほぼ理解できれば、10の文の正誤は比較的容易に判断できるのがふつうですが、ときとして、細部についての不一致点をつつくような引っかけ的な文が混じっていることがあるので、油断は禁物です。なお、ここ5年ほど、この問題の得点率が低下する傾向にあります。もう少し、濃度の高い内容の文を聞く訓練が必要だと思われます。

練習問題1

・まず、トラピスト会の修道士Robertに関する話を2回聞いてください。
・次に、その内容について述べた文(1)〜(10)を2回通して読みます。それぞれの内容が話の内容に一致する場合は解答欄の①に、一致しない場合は②にマークしてください。
・最後に、もう1回Robertの話を聞いてください。
（メモは自由にとってかまいません）

〈CDを聞く順番〉 ◎❷ ⇒ ◎❷ ⇒ ◎❷ ⇒ ◎❷ ⇒ ◎❷

（読まれるテキスト）

Robert est un moine trappiste de 38 ans, né à Los Angeles, de parents boulangers émigrés en Californie. Il a déjà passé près de la moitié de son existence derrière les murs d'une abbaye qui se trouve dans le sud de la France. Il ne s'imaginait pas quitter à 22 ans les plages californiennes pour se donner à Dieu et mener une vie de silence, de prière et de contemplation.

Pourtant, il n'est pas seulement un moine contemplatif, il

est aussi un homme d'affaires averti. Il dirige une entreprise nommée « Le Moulin trappiste », propriété exclusive des 70 moines de l'abbaye. Tous les trappistes y sont donc à la fois religieux et commerçants. Pourquoi cette affaire ? C'est tout simple, car la règle essentielle de l'abbaye interdit de vivre de la charité. C'est-à-dire que leur communauté doit être 100 % autosuffisante.

Dans l'abbaye, on produit toute une variété de produits qui seront ensuite mis en vente : confiture, miel, cacao en poudre, café, biscuits diététiques, thé exotique, etc. Mais leur produit numéro 1, ce sont les compléments alimentaires faits à 100 % de germe de blé, très riches en vitamines naturelles.

Leur société affiche pour 2005 un chiffre d'affaires de 4 millions d'euros et les bénéfices s'élèvent à 150 000 euros. Bien sûr, leur but n'est pas de gagner pour gagner. Pourtant, Robert partage, avec les autres moines, un doux rêve : c'est de restaurer complètement leur abbaye, qui n'a pas été rénovée depuis la Révolution française.

(読まれる内容について述べた文)

un : Les parents de Robert sont nés en Californie.
deux : Robert a déjà passé plus de 15 ans dans l'abbaye trappiste.
trois : Robert rêvait depuis son enfance d'entrer en religion.
quatre : Robert est à la fois un moine contemplatif et un homme d'affaires expérimenté.

cinq	: La société « Le Moulin trappiste » n'appartient pas exclusivement aux moines de l'abbaye.
six	: La règle de l'abbaye ne permet pas à ses membres d'être économiquement dépendants.
sept	: L'abbaye vend des produits variés, dont des compléments alimentaires faits uniquement de germe de blé.
huit	: En 2005, le chiffre d'affaires de la société « Le Moulin trappiste » a dépassé 5 millions d'euros.
neuf	: En 2005, la compagnie trappiste a eu une balance déficitaire.
dix	: Robert et ses collègues aimeraient un jour utiliser leurs bénéfices pour la rénovation de leur abbaye.

(07)

解説 22歳のとき故郷のカリフォルニアを離れ、フランス南部の修道院に入ったRobertに関する話です。Robertは修道士以外に、有能なビジネスマンとしての顔も持ち合わせています。なぜでしょうか？

(1) Robertの両親はカリフォルニアに移住してきたことが本文で述べられていますから、本文の内容には一致しません。

(2)「Robertはすでに15年以上トラピスト会の修道院ですごしている」という文です。読まれる文によると、Robertは現在38歳です。また、彼がカリフォルニアを離れて修道院に入ったのは22歳のときですから、単純な引き算で、16年という数字が出てきます。したがって、本文の内容と一致します。

(3) 読まれる文のなかでは、Il ne s'imaginait pas quitter à 22 ans les plages californiennes pour se donner à Dieu [...]「彼は、神に我が身をささげるために、22歳でカリフォルニアのビーチを離れるなどとは思ってもいなかった」と述べられていますから、(3)の文は本文の内容とは一致しません。

(4)「Robertは瞑想する修道士であると同時に、経験を積んだビジネスマ

ンでもある」というこの文は、本文の内容と一致します。本文では、un homme d'affaires averti「経験の豊富なビジネスマン」、この文では un homme d'affaires expérimenté「経験を積んだビジネスマン」と、形容詞はことなりますが、意味はほぼ同じです。

(5)「« Le Moulin Trappiste » という会社は、修道院の修道士のみに属しているわけではない」という意味です。読まれる文には、propriété exclusive des 70 moines de l'abbaye「修道院の70人の修道士のみに属する財産（所有物）」と明言されていますから、本文の内容には一致しません。

(6)「修道院の規則は、その構成員（修道士）に対し、経済的に依存することを許さない」という意味の文です。読まれる文には、[...] la règle essentielle de l'abbaye interdit de vivre de la charité「修道院の基本的な規則（戒律）は、施しもので生活することを禁じている」と述べられていますから、この一文は本文の内容に一致しています。

(7)「修道院は多様な製品を販売しているが、そのなかには、小麦の胚芽のみから作られた補助食品がある」という意味です。第3段落を聞けば、これが本文の内容と一致しているのは明らかです。しかし、「包含関係」を示すこの dont の使い方に慣れていないと、真偽の判断は意外とむずかしいかもしれません。

(8)「2005年、« Le Moulin trappiste » という会社の年商は500万ユーロを超えた」という文です。読まれる文の第4段落には、Leur société affiche pour 2005 un chiffre d'affaires de 4 millions d'euros [...]「彼らの会社は2005年には400万ユーロの総売り上げを誇っている」と明言されています。したがって本文の内容とは一致しません。

(9)「2005年、トラピスト修道会の会社は収支が赤字であった」という意味の文です。読まれる文では、[...] les bénéfices s'élèvent à 150 000 euros「利益は15万ユーロにのぼる」と述べられていますから、両者の内容は一致しません。

(10)「Robert とその同僚たちは、収益を使って、いつの日か自分たちの修道院の改修をしたいと思っている」という文です。読まれる文の末尾の内容とぴったり一致しています。

解答 (1) ②　(2) ①　(3) ②　(4) ①　(5) ②　(6) ①　(7) ①　(8) ②　(9) ②　(10) ①

練習問題 2

- まず、Patrice の話を 2 回聞いてください。
- 次に、その内容について述べた文(1)〜(10)を 2 回通して読みます。それぞれの文が話の内容に一致する場合は解答欄の①に、一致しない場合は②にマークしてください。
- 最後に、もう 1 回 Patrice の話を聞いてください。
  （メモは自由にとってかまいません）

〈CD を聞く順番〉　　◎㉓ ⇨ ◎㉓ ⇨ ◎㉔ ⇨ ◎㉔ ⇨ ◎㉓

（読まれるテキスト）

Cet été, pour la première fois, je ne pars pas ! Je prends une semaine de vacances chez moi, dans ma maison de 300 m² qui se trouve à deux kilomètres d'Avignon. J'y suis installé depuis six mois. Nous serons en famille avec Natacha, ma femme, mes trois filles Ania, neuf mois, Marina, deux ans et demi, et Pauline, dix ans. Pauline, née d'un premier mariage, vient nous voir un week-end sur deux et la moitié des vacances. Après avoir travaillé pendant quinze ans dans une société de Bourse, j'ai décidé de quitter la capitale pour m'occuper d'un champ d'oliviers que j'ai hérité de mon grand-père. C'est un changement total par rapport à ma vie parisienne.

Certains, ici, ont du mal à me comprendre. Pourquoi avoir quitté un métier où je gagnais quatre fois plus pour me consacrer à une oliveraie familiale ? Mais j'ai mis longtemps à mûrir ce projet. J'ai commencé à y penser il y a dix ans, à la naissance de ma fille aînée. Le divorce et le célibat m'ont obligé à différer ce projet. Quand j'ai rencontré Natacha, il y a cinq ans, et quand elle m'a confié que son ambition dans la vie était de « faire des enfants et des confitures », j'ai su qu'elle était la compagne idéale pour réaliser mon projet.

(読まれる内容について述べた文)

un : Jusqu'à présent, Patrice partait rarement en vacances en été.
deux : Depuis six mois, Patrice cherche une maison près d'Avignon pour installer son épouse et ses trois filles.
trois : Pauline est la fille aînée de Patrice née de son premier mariage.
quatre : D'ordinaire, Pauline vient voir son père tous les quinze jours.
cinq : Cet été, Pauline ne rejoindra pas en vacances son père et sa belle-mère.
six : Désormais, Patrice compte partager sa vie entre son champ d'oliviers et une société de Bourse parisienne.
sept : Depuis que Patrice s'occupe d'une oliveraie héritée de son grand-père, son revenu a augmenté.
huit : Patrice a eu l'idée de s'installer en province lorsque sa fille aînée est née.
neuf : Patrice a divorcé pour faciliter la réalisation de son projet.
dix : Patrice estime que l'ambition de sa femme actuelle est compatible avec la sienne.

解　説　パリの証券取引所での仕事をあえて捨て、祖父から継いだオリーヴ畑で生計を立てることにした Patrice の話です。アヴィニヨンから2キロほどの土地に大きな家を得た Patrice は、バカンスを自宅ですごすことにしました。

(1) Patrice は、今年の夏は初めて出かけないことになった、と述べていますから、「バカンスにはめったに出かけない」というこの設問文は本文の内容に一致しません。

(2) Patrice は、家族を住まわせるため、この6ヵ月の間アヴィニヨンの近くに家をさがしつづけている、という主旨の文です。本文では、J'y suis installé depuis six mois. と述べられていますから、すでに新しい家に落ちついているわけで、本文と一致しません。

(3) Pauline が最初の結婚で授かった娘であることを、Patrice は明言していますから、本文の内容に一致します。

(4) 「ふだん Pauline は2週間ごとに（tous les quinze jours）父親に会いにくる」という文です。本文では Pauline [...] vient nous voir un week-end sur deux [...]「Pauline は週末2回につき1回われわれに会いにきます」と述べられていますから、結局同じ内容になり一致します。

(5) 本文では、Pauline はバカンスの半分はいっしょにすごしにくると述べられていますから、この文はまったく一致しません。ただ Cet été, Pauline ne rejoindra pas en vacances son père et sa belle mère.「今年の夏、Pauline はバカンスの間、父親と義理の母には合流しない予定である」という言い方はむずかしいので、落ちついて判断しましょう。

(6) Patrice は、高給がとれる証券取引所での仕事をあえて捨てて、祖父から継いだオリーヴ畑の仕事を選んだわけですから、2つの仕事をかけ持つという主旨のこの設問文は本文の内容と一致しません。

(7) 「祖父から継いだオリーヴ畑を経営するようになって以来、Patrice の収入はふえた」という文です。Patrice は、Pourquoi avoir quitté un métier où je gagnais quatre fois plus [...]「なぜ、（今の）4倍も稼いでいた職を捨てたのか」を説明しています。したがってこの設問文は本文の内容に一致しません。

(8) 「Patrice は長女が生まれたときに、田舎に身を落ちつけようと思いは

じめた」という文です。彼は本文で、J'ai commencé à y penser il y a dix ans, à la naissance de ma fille aînée. と明言していますので、本文の内容に一致します。

(9)「Patrice は自分の計画を容易に実現するために離婚した」という文です。本文では、Le divorce et le célibat m'ont obligé à différer ce projet. 「離婚して独身になったために、この計画を延期せざるをえなかった」と明言されているので、この設問文は一致しません。

(10)「Patrice は、今の妻の望みは、自分のそれと両立しうると考えている」という文です。本文の最後で、今の妻である Natacha の「人生における望み」は、[...] de « faire des enfants et des confitures »「『子どもとジャムを作る』こと」(=家庭を大事にする生活を送ること) であり、それを聞いたときに、「彼女は自分の計画を実現するうえで最良の伴侶だと思った」、と述べられています。したがって設問文は本文の内容と一致します。

[解答] (1)② (2)② (3)① (4)① (5)② (6)② (7)② (8)①
(9)② (10)①

[練習問題 3]

・まず、Dominique の話を 2 回聞いてください。
・次に、その内容について述べた文(1)～(10)を 2 回通して読みます。それぞれの文が話の内容に一致する場合は解答欄の①に、一致しない場合は②にマークしてください。
・最後に、もう 1 回 Dominique の話を聞いてください。
（メモは自由にとってかまいません）

〈CD を聞く順番〉 ◉㉕ ⇨ ◉㉕ ⇨ ◉㉖ ⇨ ◉㉖ ⇨ ◉㉕

（読まれるテキスト）

Pendant un voyage familial en Italie, j'ai subi un choc esthétique devant des peintures murales de l'époque romaine. Quand j'étais lycéenne, je me suis intéressée en particulier à l'histoire de l'art. À l'âge de 18 ans, je n'ai pas hésité à choisir l'école des Beaux-Arts de Nancy. Mais cette école n'offrait pas de cours de peinture murale. On m'a conseillé alors d'entrer dans le secteur de la peinture en bâtiment. Et je suis devenue apprentie dans un atelier de construction. Après de longues années de travaux sur les chantiers, je gagne bien ma vie, mais je n'ai pas une minute à consacrer à des œuvres personnelles. C'est à l'occasion d'une fête rurale, il y a neuf ans, que l'on m'a demandé de dessiner sur les murs de la commune. Ça a mis en valeur l'ensemble du village et tout le monde a apprécié mes peintures. Récemment, lors d'un voyage à Paris, j'ai remarqué près des gares beaucoup de murs peints de façon misérable. Comme peintre artisanal, je tiens surtout à établir un lien social entre les habitants. Une création artistique devrait toujours s'harmoniser avec l'ambiance urbaine.

（読まれる内容について述べた文）

un : Lorsqu'elle a vu des murs peints en Italie, Dominique voyageait avec sa famille.
deux : Dominique a éprouvé une émotion artistique à la vue de peintures murales romaines.
trois : Au lycée, Dominique s'intéressait surtout à l'histoire des arts et métiers.
quatre : Avant d'entrer dans une école des Beaux-Arts, Dominique a beaucoup réfléchi.

cinq	: L'école fréquentée par Dominique n'avait pas de cours sur la peinture murale.
six	: Dominique a choisi le métier de peintre dans un atelier de construction.
sept	: Quand elle travaille sur des chantiers, Dominique ne dispose pas de temps pour une création artistique.
huit	: Dominique a pu montrer ses talents artistiques à l'occasion d'une fête rurale.
neuf	: Les murs peints près des gares parisiennes ne plaisent pas à Dominique.
dix	: Dominique pense que l'ambiance urbaine n'a pas beaucoup d'importance pour la création artistique.

(09)

解 説 幼いころの家族旅行で目にした、イタリアのローマ時代の壁画に感動した少女が、美術学校に進学するも、建設会社に就職するのを余儀なくされます。しかし、小さな田舎町でのお祭りの際に描くよう頼まれた壁画が、高く評価されたという話です。最後には、都会における壁画のあり方に関する話者の意見も披瀝されています。

(1)「イタリアで壁画を見たとき、Dominique は家族旅行をしていた」という文です。本文の冒頭部分に「イタリアを家族旅行していたとき、私はローマ時代の壁画の前で美的な感動を受けた」と明言されていますから、本文の内容に一致します。

(2) 設問(1)の解説で紹介したとおり、「古代ローマの壁画を見て、Dominique は芸術的な感動を受けた」というこの文は、本文の内容に一致します。

(3) 本文では、Quand j'étais lycéenne, je me suis intéressée en particulier à l'histoire de l'art.「リセのとき、私はとくに芸術の歴史に興味をもった」と記されていますから、「リセのとき、Dominique は芸術と職業の歴史にとりわけ興味をもった」というこの文は本文の内容とは一致しません。

(4)「美術学校に入る前に、Dominique は熟考した」という文です。本文

159

には「18歳のとき、ナンシーの美術学校を迷うことなく選んだ」と明言されていますので、本文の内容と一致しません。

(5)「Dominique が通った学校には壁画に関する講義はなかった」という文です。本文には、Mais cette école n'offrait pas de cours de peinture murale.「しかしこの学校は壁画に関する講義を提供していなかった」と明言されていますので、本文の内容に一致します。

(6)「Dominique は建設現場で絵を描く仕事を選んだ」という文です。本文には、「建造物の塗装の分野に入るよう助言を受け、建設現場での実習生となった」と述べられていますから、本文の内容と一致します。

(7)「建設現場で働いているとき、Dominique には芸術的創造に使える時間はいっさいない」という意味です。本文には「長い間現場で働き、お金はずいぶん貯まったが、個人的な作品に割ける時間は1分たりともない」と述べられていますので、本文の内容に一致します。

(8)「Dominique はある田舎のお祭りの際に、その芸術的才能を発揮できた」という文です。本文には、「9年前の小さな村落でのお祭りに際して、村の壁に絵を描くよう依頼された。その壁画が村全体を引き立て、だれもが私の絵を評価してくれた」とありますから、本文の内容に一致します。

(9)「Dominique は、パリの国鉄の駅舎界隈で見かけた壁画が好きではない」という文です。本文では、「最近パリに上京した際に、複数の駅舎の近くに、みすぼらしく描かれた壁画を目にした」と同じく否定的に述べられていますから、本文の内容に一致します。

(10)「Dominique は芸術の創造にとって、都会の雰囲気などはたいして重要ではないと考えている」という文です。本文の最後に Une création artistique devrait toujours s'harmoniser avec l'ambiance urbaine.「芸術上の創造は、つねに都会の雰囲気と調和すべきであろう」という Dominique の見解が表明されていますので、本文の内容と一致しません。

解　答　(1) ①　(2) ①　(3) ②　(4) ②　(5) ①　(6) ①　(7) ①　(8) ①　(9) ①　(10) ②

練習問題 4

・まず、Robert の話を2回聞いてください。

・次に、その内容について述べた文(1)〜(10)を2回通して読みます。それぞれの文が話の内容に一致する場合は解答欄の①に、一致しない場合は②にマークしてください。
・最後に、もう1回 Robert の話を聞いてください。
（メモは自由にとってかまいません）

〈CDを聞く順番〉　　⑥㉗ ⇨ ⑥㉗ ⇨ ⑥㉘ ⇨ ⑥㉘ ⇨ ⑥㉗

（読まれるテキスト）

En janvier 2008, quand j'avais 36 ans, mon médecin m'a appris que j'étais atteint d'un cancer inopérable du foie et qu'il ne me restait que six mois à vivre. Alors, ma femme et moi, nous avons quitté notre travail pour finir en beauté. Nous avons retiré les 130 000 euros que nous avions amassés et nous nous sommes offert une voiture de luxe que j'avais toujours voulu conduire. Nous avons acheté aussi une moto pour que ma femme puisse se déplacer facilement quand je serais parti. Avec le reste de nos économies, nous avons refait la décoration de la maison. Naturellement nous avons fait toute une série de « derniers moments ensemble » : les derniers anniversaires, le dernier Noël, etc.

Entre-temps, j'avais perdu un peu de poids mais je ne me suis pas senti à l'agonie. Je suis donc retourné à l'hôpital pour passer de nouveaux tests. Le résultat qu'on vient de m'apprendre est ahurissant : ce qui devait être un cancer incurable était en fait un banal abcès ! Que voulez-vous que je fasse maintenant ? Je suis complètement ruiné et je n'ai pas de travail. De plus, à cause de tous les médicaments avalés pendant deux ans, mon estomac me fait tellement mal que parfois je n'arrive plus à marcher.

（読まれる内容について述べた文）

un	: En 2008, à l'âge de 36 ans, Robert a appris qu'il était cancéreux.
deux	: Sans attendre le diagnostic de son médecin, Robert a su qu'il n'était plus temps de se faire opérer.
trois	: En apprenant qu'il ne lui restait que six mois à vivre, Robert a abandonné son travail.
quatre	: Robert n'a pas touché à ses économies pour acheter la voiture.
cinq	: Robert a aussi acheté une moto pour se déplacer comme il voulait.
six	: Robert a tenu à conserver sa maison telle qu'elle était.
sept	: Robert a un peu maigri en deux ans.
huit	: En retournant à l'hôpital, Robert n'a pas eu besoin de passer de nouveaux tests.
neuf	: Robert est complètement ruiné et, de plus, il est au chômage.
dix	: Aujourd'hui, Robert est toujours en pleine forme.

(10)

解説　今回は、手術不可能な肝臓がんのため余命6ヵ月と宣告された男性が、人生の最後くらいは、はなばなしく生きようと決意し、夫婦ともに仕事をやめ、貯金をはたいて、妻と豪勢な暮らしを送っていたものの、どうもようすがおかしいので再検査を受けた結果、誤診だったと判明し、途方にくれてしまった、というある種の悲喜劇です。

(1)「2008年、36歳のとき、Robertはがんにかかっていると告げられた」という文です。ほぼ同内容の一文で始まっているので、本文の内容に一致しています。
　(2)「Robertは医師の診断を受ける以前に、手術を受けるのは手遅れだとわかった」という文です。本文中に [...] mon médecin m'a appris que [...]「かかりつけの医師が私に教えてくれた」とありますので、本文の内容と一致しません。
　(3)「余命6ヵ月だと知って、Robertは退職した」という文です。本文には、Alors, ma femme et moi, nous avons quitté notre travail pour finir en beauté.「そこで、妻と私は、人生の最後をはなばなしくやろうと思って仕事をやめた」と述べられていますから、本文の内容と一致します。
　(4)「Robertは車の購入にあたって、貯金には手をつけなかった」という文です。本文には、「私たち夫婦は貯めてきた13万ユーロを銀行からおろし、ずっと以前から運転したいと思っていた高級車を買った（手に入れた）」と述べられていますから、本文の内容と一致しません。
　(5)「Robertは自分が思いどおりに移動するために、オートバイも購入した」という文です。本文には、Nous avons acheté aussi une moto pour que ma femme puisse se déplacer facilement quand je serais parti.「私の死後、妻が容易に移動できるようにと、私たちはオートバイも買った」と述べられていますので、本文の内容には一致しません。
　(6)「Robertは自分の家を現状のまま維持することにこだわった」という文です。本文では、「私たちは貯金の残りを使って、家の装飾をやり直した」と明言されていますので、これは本文の内容に一致しません。
　(7)「Robertは2年間で少しやせた」という文です。本文には、「その間、私は体重を少し落としていた」とありますし、最後の一文を読めば、「2年間」が正しいとわかるので、本文の内容と一致しています。
　(8)「Robertは病院を再訪したが、新たに検査を受ける必要はなかった」という文です。本文では、「私は再検査を受けるために病院をまた訪れた」とあり、しかも Le résultat qu'on vient de m'apprendre est ahurissant「私に告げられた結果は仰天すべきものだった」ともありますので、本文の内容に一致しません。
　(9)「Robertは完全に破産してしまったうえに、失業したままである」という文です。本文でも「私は完全に破産しているし、仕事もない」と語られ

ていますから、本文の内容と一致します。

(10)「今日でも、相変らず Robert は健康そのものである」という文です。本文の最後には、「そのうえ、この2年間で飲み込みつづけた薬のせいで、胃痛がひどく、ときには歩けないほどである」と述べられています。したがって、この文は本文の内容とは一致しません。

解　答　(1) ①　(2) ②　(3) ①　(4) ②　(5) ②　(6) ②　(7) ①　(8) ②
　　　　　(9) ①　(10) ②

練習問題 5

・まず、Karima に関する話を2回聞いてください。
・次に、その内容について述べた文(1)～(10)を2回通して読みます。それぞれの文が話の内容に一致する場合は解答欄の①に、一致しない場合は②にマークしてください。
・最後に、もう1回 Karima に関する話を聞いてください。
（メモは自由にとってかまいません）

〈CDを聞く順番〉　⊚㉙ ⇨ ⊚㉙ ⇨ ⊚㉚ ⇨ ⊚㉚ ⇨ ⊚㉙

（読まれるテキスト）

En mai 2007, Karima a créé le premier magazine électronique féminin, dédié aux femmes françaises de culture musulmane. À l'origine de cette création il y a eu un constat : en France on parlait beaucoup des femmes musulmanes par exemple au cours du débat sur la légalité du port du voile intégral islamique, mais les journalistes ne sont jamais venus les interroger. Karima s'est donc demandé s'il ne faudrait pas prendre la parole. C'est ainsi qu'elle a décidé de créer ce magazine.

Sur son site, on peut parler de tout. Mais ce qui intéresse le plus Karima, c'est le témoignage des gens. Pour cela, elle tire profit des facilités que lui offre Internet : les lectrices peuvent ainsi laisser des commentaires, répondre aux appels à témoins, et même écrire des articles elles-mêmes. Plusieurs lectrices sont de cette façon devenues des collaboratrices du magazine.

Si Karima porte le voile intégral, cela ne veut pas dire que ses collaboratrices doivent toutes être voilées aussi. Il y en a qui ne sont pas pratiquantes ; on compte même des athées. Aucune femme n'est exclue en raison de sa religion. Car Karima tient à faire comprendre que les femmes françaises de culture musulmane sont toutes différentes comme tout le monde.

(読まれる内容について述べた文)

un : C'est au mois de mars 2007 que Karima a créé son magazine.
deux : Le magazine de Karima est destiné aux musulmans des deux sexes qui vivent en France.
trois : Karima a observé qu'au cours du débat sur la légalité du port du voile intégral islamique, les journalistes n'avaient pas interviewé de femmes musulmanes.
quatre : Karima a voulu prendre la parole à la suite de beaucoup d'autres femmes musulmanes en France.
cinq : Karima s'intéresse surtout au récit des expériences

	des gens.
six	: Sur le site de Karima, les lectrices doivent laisser des commentaires.
sept	: Il n'y a que quelques lectrices qui sont devenues collaboratrices de Karima.
huit	: Karima ne veut pas imposer le port du voile intégral à ses collaboratrices.
neuf	: Seules les athées sont exclues du magazine de Karima.
dix	: L'objectif de Karima est de montrer la diversité des femmes musulmanes françaises.

(11)

解説　今回はイスラム文化圏出身のフランス女性のために、初めてウェブ・マガジンを創刊した女性の紹介文です。よく聞かないと、正誤の判断がつきにくい場合もありますので、注意してください。

(1)「Karima が雑誌を創刊したのは2007年3月である」という文です。本文冒頭に、創刊の時期は2007年5月と明言されているので、本文の内容に一致しません。mai と mars を区別して聞き取りましょう。

(2)「Karima の雑誌はフランス在住の男女のイスラム教徒向けのものである」という文です。本文には aux femmes françaises de culture musulmane「イスラム文化圏出身のフランス人女性向け」と述べられていますので、本文の内容と一致しません。

(3)「Karima は、全身用のイスラムのヴェールの合法性に関する論争がおこなわれていた期間に、ジャーナリストたちがイスラム教徒の女性にインタビューをおこなわなかったのに気づいた」という文です。ほぼ同趣旨の文が本文に見いだせるので、その内容に一致します。

(4)「Karima は、フランスに住むほかの多くのイスラム教徒の女性につづいて、自分も発言したいと思った」という意味です。本文では、ヴェール着用の合法性をめぐる議論の期間、ジャーナリストがイスラム教徒の女性にま

ったくインタビューをおこなっていないのに気づき、自分たち女性は発言すべきではないのかと自問した、と述べられていますから、本文の内容と一致しません。

(5)「Karima はとりわけ人々の経験談に関心を示す」という文です。本文にも、Mais ce qui intéresse le plus Karima, c'est le témoignage des gens.「だが Karima が最大の関心をいだいているのは、人々の証言である」と述べられており、本文の内容と一致するとわかります。

(6)「Karima のサイトでは、（女性）読者はコメントを残す義務がある」という文です。本文には、les lectrices peuvent ainsi laisser des commentaires「（女性）読者はコメントを残すこともできる」と述べられており、義務ではなく権利だとわかるので、この文は本文の内容と一致しません。devoir (doivent) と pouvoir (peuvent) の聞き分けが必要です。

(7)「Karima の協力者となった女性はほんのわずかである」という文です。本文には Plusieurs lectrices sont de cette façon devenues des collaboratrices du magazine.「こうして何人もの（女性）読者が雑誌の協力者になった」と述べられているので、先の文は、本文の内容と一致しません。quleques は「少数の、少しの」というニュアンスを、逆に plusieurs は「いくつもの、多くの」という意味合いをおびていることに注意しましょう。

(8)「Karima は全身用のヴェールを協力者たちに強要したいとは思っていない」という文です。本文には、Karima 自身は全身用のヴェールを着用しているが、だからといって、協力者たちも着用義務がある、という意味にはならない、と説明されています。したがって本文の内容と一致します。

(9) 本文によると、Karima の雑誌の協力者のなかには、イスラム教の掟を実践していない人や、無神論者までふくまれており、いかなる女性も宗教上の理由で排除されることはない、と述べられています。したがって、「Karima の雑誌から排除されるのは、無神論者だけである」という文は、本文の内容に一致しません。

(10) 本文の結びには、「Karima は、イスラム文化圏出身の女性も、他の人々とおなじく、みなそれぞれにことなっていることを理解してもらいたいと強く願っている」と述べられています。よって、「Karima の目的は、イスラム教徒のフランス人女性たちの多様性を示すことにある」という文は、本文の内容に一致しています。

解 答 (1) ②　(2) ②　(3) ①　(4) ②　(5) ①　(6) ②　(7) ②　(8) ①　(9) ②　(10) ①

［Ⅱ］2次試験の傾向と対策

(1) **試験方法**
 (a) 試験は個人面接の形でおこなわれます。
  面接委員はフランス人 1 人 + 日本人 1 人です。
  すべてフランス語で進行します。
 (b) 試験室に入室する 3 分前に **A**、**B** ペアの問題を渡されます。
  A、**B** どちらかの問題を選び、3 分間の **exposé**（論述）をまとめます。
 (c) 入室すると面接委員が本人確認をおこないます。
 (d) 用意した論述をおこないます。
 (e) 自分が述べたことについての面接委員の質問に答えます。
 (f) 時間に余裕があれば、一般会話をおこなうことがあります。
 (g) 試験時間は入室から退室まで、全体で約 9 分間です。

(2) **2次試験対策**
 (a) 　3 分間の論述をおこなうわけですが、3 分間が実際にはどれほど長い時間であるかを、一度、実感してみるとよいでしょう。時計を見ながら、3 分間、じっと沈黙していてください。あるいは、何か、フランス語のテキストを 3 分間、声を出して読みつづけてみてください。
 　3 分間という時間がいかに長いか、その間にどれだけたくさんのことが述べられるか、あるいは、3 分間話しつづけることがいかに大変であるかがわかるでしょう。

 (b) 　**A**、**B** ペアの問題を渡されるわけですが、**A** の問題のほうがむずかしいという印象をもつでしょう。一般的に言って **A** の問題のほうが本命です。むずかしいほうを選べばそれだけで印象がよくなる可能性もあります。ただし、論述の内容がそのレベルに達していなければなりません。**A** は無理と判断したら **B** を選びましょう。
 　つまり、1 級の受験者には、時事的な問題について、自分の知識と考えをフランス語で論理的に展開する能力が要求されている、ということになります。

(c) まず、問題をよく読んで、何が問われているのかをよく考えましょう。たとえば

 A Êtes-vous pour ou contre la révision de la Constitution ? Expliquez votre position.

 B Est-ce que vous approuvez de jeunes mères qui font apprendre l'anglais à leurs enfants dès 2 ou 3 ans ?

という問題が出たとしましょう。

　このように、「～に賛成ですか、反対ですか」「～を認めますか」「～を支持しますか」式の問題が出ると、いきなり「賛成です」「反対です」と答え、その理由をひと言ふた言付け加えておしまい、という受験者が少なからずいますが、これではすぐに終わってしまい、1分ともちません。

　「まず問題をよく読む」とは、そこで何がポイントになるかを見きわめることです。

　Aの憲法についての問題で見てみますと、「憲法改正に賛成ですか、反対ですか」と問われているわけですが、まず「憲法」とは何か、「改正」とは何か、がポイントになります。

　Bの幼児の英語教育の問題ですが、賛成／反対の自分の意見を述べる前に、幼児に英語を学ばせようとする若い母親がいるという現実とその背景がポイントになります。

(d) 次に、それぞれの問題文から抽出したポイントについて述べるべき内容を考えます。

　A「憲法」というポイントについて、今の憲法はどのような事情のなかで制定されたのか、その特徴は何か、を説明します。「改正」というポイントについては、どのような人々が憲法の何を、どんな理由で、どのように変えようとしているのか、また、どのような人々が、どんな理由で、それに反対しているのか、を説明します。

　そのうえで、この問題に対する自分の立場を理由とともに説明します。

　以上を3分間という時間の制限内で簡潔に整然とまとめるわけです。

　B　英語教育の問題ですが、なぜ、英語を幼児のときから学ばせようとする母親がいるのか、今の日本でなぜ英語が必要とされるのか、日

本人が英語をマスターすることの難易などについて述べます。そのうえで、自分の立場を説明し、その立場をとる理由を説明します。

憲法についても、英語教育についても、以上のようなポイントを3分間で展開することは不可能ではありません。

ここで要求されているのは、単にフランス語の能力だけでなく、時事的な問題についての知識と見識であることがわかるでしょう。

フランス語が使いこなせる、というのはそういうことであると理解してください。

(e)　ところが、2次面接試験の実態はどうか。例をあげて説明します。

A　Est-ce que vous avez voté aux élections du Sénat (Sangiin) de juillet ? Que pensez-vous de cette consultation ?

B　Des supermarchés restent ouverts de plus en plus tard dans la nuit. Qu'en pensez-vous ?

というペアの問題が準1級で出題されたことがあります。試験の前におこなわれた参議院選挙についての問題はむずかしい印象をあたえたのでしょう。大多数の受験者が **B** の問題を選びました。

ところが、大多数の人は「自分はよいことだと思います。便利だからです」でおしまいでした。

フランス人の面接委員が「あなたはフランスにいたことがありますか」と聞くと、ひじょうに多くの人が oui と答えました。そこで面接委員が「フランスではお店は日本と同じように遅くまで開いていますか」と聞くと、当然、答えは non でした。そこで面接委員が Pourquoi ? とひと言。

ここで、答えに窮してしまう受験者が大半でした。ハッと気がついて、正社員であれアルバイトであれ、遅くまで働く人々の状況に考えがおよぶ人々は少数でした。

これは、あたえられたテーマについてポイントを抽出し、そのポイントについて表と裏を検討し、そのうえで自分の判断を述べるという訓練ができていないことを示しています。

スーパーが遅くまで開いているのはなぜか、経営者の立場、消費者にとっての利点、そこで働いている人々にとっても利点ばかりなのか、自分がそのような状況を進んで受け入れるか、といった側面を考える

ことができなければ、この問題について3分間の論述、4分間の質疑応答は（日本語でも）できません。ましてや1級は合計9分で、質疑応答がさらに約2分も長いことを忘れないでください。

　大学入試や就職活動対策の「小論文の書き方」とか「プレゼンテーションの仕方」といった訓練が仏検の2次試験の対策にも役に立ちます。日本語でも、フランス語でも、結局は同じ思考力、論理的構成力がためされるのです。

第2部
2012年度
問題と解説・解答

2012年度1級出題内容のあらまし

1次 ［筆記］
　　　1　動詞・形容詞・副詞の名詞化（全文書きかえ・記述）
　　　2　多義語（穴うめ・記述）
　　　3　前置詞（穴うめ・選択）
　　　4　時事用語・常用語（穴うめ・記述）
　　　5　説明文（行方不明になり、腕の一部だけがみつかった少年の遺体捜索活動／動詞を選択活用・記述）
　　　6　説明文（モロッコにおける映画館保護活動／穴うめ・選択）
　　　7　説明文（睡眠と記憶力の関係／内容一致・選択）
　　　8　説明文（漫画に描かれる暴力の表象の影響力／日本語による内容要約・記述）
　　　9　和文仏訳（アリの生態についてのエッセイ風の文章／記述）

　　［書き取り］説明文（悪性腫瘍除去のため、片足を切断した女性が、松葉杖を用いてフランスを一周し、がん対策協会のために募金を集めているという話）

　　［聞き取り］
　　　1　インタビュー（地域密着型の靴のブランドを発足させた男性へのインタビュー／穴うめ・記述）
　　　2　説明文（フェレット用の小物をあつかうネットショップを開業した少女の紹介文／内容一致・選択）

2次 ［面接］（個人面接方式）受験者は入室3分前に渡される2つのテーマのどちらか1つを選択し、それについて考えをまとめておく。試験は、受験者が選んだテーマについて3分間のexposéをおこない、つづいてそれに関連した質疑応答を面接委員との間でおこなう。（試験時間約9分間）

2012年度春季
実用フランス語技能検定試験
筆記試験問題冊子 〈1級〉

問題冊子は試験開始の合図があるまで開いてはいけません。

```
筆 記 試 験   14時00分 〜 16時00分
              (休憩 20 分)
書き取り
聞き取り 試験  16時20分から約40分間
```

◇筆記試験と書き取り・聞き取り試験の双方を受験しないと欠席になります。
◇問題冊子は表紙を含め12ページ、全部で9問題です。

注 意 事 項

1. 途中退出はいっさい認めません。
2. 筆記用具は **HB または B の黒鉛筆** (シャープペンシルも可)を用いてください。
3. 解答用紙の所定欄に、**受験番号**と**氏名**が印刷されていますから、間違いがないか、**確認**してください。
4. マーク式の解答は、解答用紙の解答欄にマークしてください。例えば、3 の (1) に対して③と解答する場合は、次の例のように解答欄の ③ にマークしてください。

例	3	解答番号	解答欄
		(1)	① ② ● ④ ⑤ ⑥ ⑦ ⑧

5. 記述式の解答の場合、正しく判読できない文字で書かれたものは採点の対象となりません。
6. 解答に関係のないことを書いた答案は無効にすることがあります。
7. 解答用紙を折り曲げたり、破ったり、汚したりしないように注意してください。
8. 問題内容に関する質問はいっさい受けつけません。
9. 不正行為者はただちに退場、それ以降および来季以後の受験資格を失うことになります。
10. **携帯電話等の電子機器の電源は必ず切って、かばん等にしまってください。**
11. **時計のアラームは使用しないでください。**

1 例にならい、次の (1) 〜 (4) のイタリック体の部分を名詞を使った表現に変え、全文をほぼ同じ内容の文に書きあらためて、解答欄に書いてください。(配点　12)

(例)：Ils *ont* catégoriquement *refusé* ma proposition.

→ (解答)：Ils ont opposé un refus catégorique à ma proposition.

(1) Ce garçon n'est pas très *vif* dans ses réactions.

(2) Dans ce pays, on ne cesse de *se déchirer.*

(3) On s'étonne que cet acteur ait été aussi *franc* dans le récit de sa vie privée.

(4) Son mari croit Marie *aveuglément,* c'est stupéfiant.

2

次の (1) 〜 (4) について、A、B の (　) 内には同じつづりの語が入ります。(　) 内に入れるのに最も適切な語 (各1語) を、解答欄に書いてください。
（配点 8）

(1) A　Ce livre m'ennuie à cause des (　) philosophiques de l'auteur.

　　B　Les (　) immobilières étaient à l'origine de la crise mondiale.

(2) A　Ce problème ne me semblait pas (　), mais j'ai dû l'abandonner au bout d'une demi-heure.

　　B　La peinture à l'huile est (　) dans l'eau.

(3) A　Le fermier va (　) du blé dans son champ.

　　B　Le malfaiteur a réussi à (　) les policiers.

(4) A　Pour l'atterrissage, nous vous prions de relever le (　) de votre siège.

　　B　Zoé prépare son (　) de candidature pour une école de commerce.

3

次の (1) 〜 (4) の ( ) 内に入れるのに最も適切なものを、下の ① 〜 ⑧ のなかから1つずつ選び、解答欄のその番号にマークしてください。ただし、同じものを複数回用いることはできません。なお、① 〜 ⑧ では、文頭にくるものも小文字にしてあります。(配点 8)

(1) Ce roman a été tiré (　) dix mille exemplaires.

(2) Les ouvriers ont laissé leur chantier (　) l'état : il y a des outils partout.

(3) Vos développements sont convaincants, mais la fin tombe (　) le ridicule.

(4) (　) temps de neige, les personnes âgées doivent éviter de sortir.

　　　　① à　　　　② contre　　　③ dans　　　④ de
　　　　⑤ en　　　⑥ par　　　　⑦ pour　　　⑧ sur

4

次の日本語の表現 (1) 〜 (5) に対応するフランス語の表現は何ですか。( ) 内に入れるのに最も適切な語 (各 1 語) を、解答欄に書いてください。(配点 5)

(1) 格付け会社　　　　　　　une agence de (　　)

(2) 核抑止力　　　　　　　　la (　　) nucléaire

(3) 再生可能エネルギー　　　une énergie (　　)

(4) 保釈　　　　　　　　　　la liberté sous (　　)

(5) 累積債務国　　　　　　　un pays (　　)

5

次の文章を読み、(1) 〜 (5) に入れるのに最も適切なものを、下の語群から1つずつ選び、必要な形にして解答欄に書いてください。ただし、同じものを複数回用いることはできません。(配点 10)

Immense émotion samedi à Bordeaux : 5 000 personnes ont marché en hommage à André Duval, 14 ans, disparu le 13 mai et dont un morceau de bras avait été retrouvé dimanche dernier dans la Garonne. À l'appel d'un internaute de 28 ans, des Bordelais de tous âges sont venus témoigner de leur solidarité avec les parents de la victime. La veille au soir, la mère d'André (1) toute sa « haine » face à quelques journalistes massés devant chez elle, et réclamé la totalité du corps de son fils afin de pouvoir faire son deuil. Samedi, elle a remercié la population, demandé « que justice (2) » ; puis elle (3) en larmes dans les bras de sa sœur lorsque le cortège s'est arrêté devant un poteau indicateur de la rue, où le vélo de son fils avait été retrouvé. C'est là qu'André avait mystérieusement disparu le 13 mai.

Depuis jeudi, les enquêteurs passent au peigne fin les appartements des riverains et ceux qui sont inoccupés. Les experts de la police technique et scientifique ont notamment cherché d'éventuelles traces de sang. Le soir de sa disparition, le collégien (4) d'une soirée passée chez un de ses copains. À 22h51, une caméra de vidéosurveillance d'un distributeur bancaire l'a filmé pédalant, apparemment tranquille. L'ado n'était alors pas suivi. Que s'est-il passé ensuite ? Mystère. D'autres recherches sont toujours en cours. Selon une source, des traces de sang suspectes (5) sur un pont qui enjambe la Garonne ; des analyses seraient en cours pour déterminer s'il s'agit du sang du jeune Bordelais disparu.

| apparaître | crier | exciter | faire |
| rentrer | se fendre | s'effondrer | trouver |

6 次の文章を読み、(1) ～ (5) に入れるのに最も適切なものを、右のページの ① ～ ⑧ のなかから1つずつ選び、解答欄のその番号にマークしてください。なお、① ～ ⑧ では、文頭にくるものも小文字にしてあります。
(配点 10)

　　Les pays arabes ont connu des révolutions politiques. Ils ont aussi besoin d'une révolution culturelle. Et pour Badou Hadji, fondateur de l'association *Amis du cinéma au Maroc*, la révolution culturelle, cela passe par la sauvegarde des salles de cinéma marocaines. Aujourd'hui, des salles de 1 600 places, des bijoux d'architecture qu'on ne trouve nulle part ailleurs, sont abandonnées.
　　Ces fermetures en cascade ne reflètent pas (1), qui est illustrée par le piratage massif. Pour tenter de contenir le phénomène, la chambre marocaine des salles de cinéma souhaite un contrôle à l'import des 45 millions de DVD vierges qui entrent légalement chaque année. Une nécessité, sinon les salles de cinéma sont condamnées à la disparition tant que (2).
　　Pour *Amis du cinéma au Maroc*, le passage au numérique des salles est la condition de leur développement. « (3) partout dans le monde et donc de lutter contre le piratage », souligne Badou Hadji, « elle facilite aussi la diffusion des grands événements, une finale de foot ou l'élection présidentielle, par exemple. » Ce qui fait donc des salles de cinéma de véritables lieux de socialisation.
　　Problème : ça coûte cher. Selon la chambre marocaine des salles de cinéma, le matériel numérique coûte à peu près 90 000 euros par salle. En l'absence de véritable politique culturelle publique, (4). C'est compliqué, car ils ne croient pas toujours à la culture.
　　À terme, l'association veut créer (5). « Nous souhaitons établir un nouveau modèle économique, réinventer les filières. L'enjeu, c'est d'en faire de véritables maisons de l'image, des lieux culturels et d'éducation, avec des expositions par exemple, et donc de rendre les établissements pérennes. C'est un vrai combat à mener », conclut Badou Hadji.

① des espaces qui sont plus que des salles de cinéma

② la demande énorme d'images en Afrique

③ la numérisation permet la simultanéité des sorties

④ la piraterie dominera le marché de l'audiovisuel

⑤ la réhabilitation des salles de cinéma en Afrique

⑥ l'association doit chercher des collaborateurs compréhensifs hors du Maroc

⑦ l'association doit convaincre de potentiels investisseurs privés

⑧ les producteurs de cinéma sont obligés de créer des films à prix modéré

7 次の文章を読み、右のページの (1) ～ (6) について、文章の内容に一致する場合は解答欄の ① に、一致しない場合は ② にマークしてください。(配点　12)

　Le sommeil est essentiel à une bonne santé physique ainsi qu'à l'apprentissage, mais une nouvelle étude, publiée dans une revue scientifique européenne, met en avant l'existence de liens entre la mémoire et le fait d'avoir un sommeil ininterrompu.
　Dormir profondément est nécessaire à l'évaluation des priorités de la journée à venir, mais en ce qui concerne la mémoire, c'est le caractère continu du sommeil qui aurait une influence.
　Nataya Clark et son équipe d'une université californienne ont mené une étude sur des souris en utilisant l'optogénétique, une technique consistant à modifier certaines cellules de telle sorte qu'elles puissent être contrôlées par la lumière. Il s'agit ici des cellules qui jouent un rôle lors du passage de l'état endormi à l'état éveillé. Par l'envoi de pulsations lumineuses vers ces cellules, le sommeil de certaines souris a pu être perturbé, sans que sa durée ne soit affectée.
　Les résultats ont montré qu'entre deux objets, une souris ayant eu un sommeil fragmenté avait plus de mal à reconnaître celui qui lui était familier qu'une souris ayant eu un sommeil ininterrompu. Ainsi, Nataya Clark explique : « Pendant la journée, on accumule des souvenirs. À un moment donné, nous devons faire le tri en "verrouillant" certaines informations dans notre mémoire ; et ce processus se fait lorsque l'on dort continûment. C'est pourquoi tout ce qui affecte le sommeil aura un impact sur ce processus, de façon positive ou négative. »
　« Le sommeil et l'emmagasinement des souvenirs constituent donc un processus, et le fragmenter impliquerait que l'individu doive reprendre le processus à zéro », souligne notre spécialiste. L'étude établit aussi des liens entre certaines pathologies, comme l'alcoolisme et l'apnée nocturne, et la continuité du sommeil. Par ailleurs, les personnes atteintes de pathologies ayant trait à la mémoire, comme la maladie d'Alzheimer ou d'autres déficits cognitifs liés à l'âge, sont affectées par des troubles de la continuité du sommeil.

Néanmoins, la nature de ces liens reste inconnue. Est-ce la discontinuité du sommeil qui est un facteur de développement de ces maladies, ou l'inverse ? Dans tous les cas, « un temps minimum de sommeil ininterrompu est nécessaire à la consolidation de la mémoire », conclut notre chercheuse.

(1) D'après Nataya Clark, le sommeil intermittent ne risque pas de déstabiliser la fonction mnémonique.

(2) Le sommeil profond ne joue aucun rôle dans le processus de hiérarchisation de ce que l'on doit faire le lendemain.

(3) Les souris dont le sommeil a été dérangé par une technique scientifique de pointe tendent à avoir du mal à reconnaître un objet qui leur était familier.

(4) L'étude de l'équipe montre que les maladies relatives à la mémoire ne sont pas sans rapport avec la discontinuité du sommeil.

(5) L'hypothèse de Nataya Clark a été émise à partir d'expériences sur des animaux.

(6) Suivant Nataya Clark, le sommeil interrompu empêche que le processus d'enregistrement des souvenirs acquis dans la journée ne soit achevé.

8

次の文章を読み、右のページの (1) 〜 (3) に、指示に従って**日本語**で答えてください。句読点も字数に数えます。
解答欄は解答用紙の裏面にあります。（配点　15）

　C'est une nouvelle parue l'an dernier, à côté de laquelle j'étais passée, mais un sympathique internaute m'a fait une aimable tape sur l'épaule. Appréciez donc : une équipe de scientifiques autrichiens a comptabilisé le nombre de coups de poing qu'Astérix, Obélix et compagnie ont joyeusement asséné sous l'emprise le plus souvent d'une drogue druidique aux pauvres Romains un peu fous. Ils ont ainsi constaté 704 blessés dans 34 albums. Mieux, elle a évalué les bleus, bosses et autres petits bobos et en a retiré un constat sans appel, précédemment publié dans une étude bien sérieuse et néanmoins officielle : il y a inadéquation entre le coup porté et la blessure constatée. Corollaires : cela n'est pas très réaliste (on s'en serait douté) ; et cela donne une appréciation erronée aux lecteurs impressionnables, généralement pas très avancés en âge, qui pourraient croire que balancer un menhir sur un camarade d'école ne lui provoquera qu'un vague mal de tête. Ah, oui, quand même.
　Ainsi, la lecture de BD contenant de la violence, même caricaturale et parodique, serait un facteur de risques et doit être pratiquée avec précaution. On peut rire, pleurer, hausser les épaules, être consterné, s'inquiéter de cette étude, parce qu'autant d'invraisemblances a de quoi laisser rêveur même le plus terre-à-terre des hauts fonctionnaires. Cette information (car c'en est une !) résonne avec un formidable recueil de critiques de BD qui a beaucoup amusé mes camarades amoureux de la bulle : un site d'obédience catholique très traditionnel passe en revue quelques œuvres anciennes et modernes classées en fonction de leur haute valeur chrétienne et morale. Si ce n'était que ça, encore, pourrait-on dire... Mais les commentaires valent le détour pour leur conservatisme et leur nationalisme bon teint. J'attire surtout votre attention sur les séries portées sur la liste des livres interdits. Le pire, c'est que ce type de rejet tranché provoque bien souvent (comme chez moi dans mon enfance) un ardent désir de découvrir ces livres-là.

(1) オーストリアの研究グループは漫画 *Astérix* について研究した結果、どのような結論を得ましたか。(30字以内)

(2) 筆者によれば、オーストリアの研究グループは、漫画が描く暴力の影響についてどのように考えていますか。(30字以内)

(3) 筆者は宗教的観点に立った漫画批判についてどう考えていますか。(30字以内)

9 次の文章をフランス語に訳してください。
解答欄は解答用紙の裏面にあります。(配点　20)

　アリはみな働き者だと思われているが、実際のところ、巣にいるアリのおよそ7割はほとんど働いていない。しかし、この「なまけもの」のアリが、いざというときに大きな力となる。個性のちがう者たちが役割を分担して、組織全体を支えているのは、さながら人の社会のようだ。

2013 年度 1 級仏検公式ガイドブック

2012年度春季
実用フランス語技能検定試験
聞き取り試験問題冊子
〈1級〉

> 書き取り・聞き取り試験時間は、
> 16 時 20 分から約 40 分間

　先に書き取り試験をおこないます。解答用紙表面の書き取り試験注意事項をよく読んでください。書き取り試験解答欄は裏面にあります。
　この冊子は指示があるまで開かないでください。

◇**筆記試験と書き取り・聞き取り試験の双方を受験しないと欠席になります。**
◇問題冊子は表紙を含め 4 ページ、全部で 2 問題です。

書き取り・聞き取り試験注意事項
1　途中退出はいっさい認めません。
2　書き取り・聞き取り試験は、CD・テープでおこないます。
3　解答用紙の所定欄に、**受験番号**と**氏名**が印刷されていますから、間違いがないか、**確認してください。**
4　CD・テープの指示に従い、中を開いて、日本語の説明をよく読んでください。フランス語で書かれた部分にも目を通しておいてください。
5　解答はすべて別紙の書き取り・聞き取り試験解答用紙の解答欄に、**HB または B の黒鉛筆**（シャープペンシルも可）で記入またはマークしてください。
6　問題内容に関する質問はいっさい受けつけません。
7　**携帯電話等の電子機器の電源は必ず切って、かばん等にしまってください。**
8　時計のアラームは使用しないでください。

書き取り・聞き取り試験

(試験時間：約 40 分間)

書き取り試験

注意事項

フランス語の文章を、次の要領で 3 回読みます。全文を書き取ってください。
・1 回目は、ふつうの速さで全文を読みます。内容をよく理解するようにしてください。
・2 回目は、ポーズをおきますから、その間に書き取ってください（句読点も読みます）。
・最後にもう 1 回ふつうの速さで全文を読みます。
・読み終わってから 3 分後に聞き取り試験に移ります。
・数を書く場合は算用数字で書いてかまいません。(配点　20)

〈CD を聞く順番〉 ㉛ ⇨ ㉜ ⇨ ㉛

聞き取り試験

1
- まず、Claude へのインタビューを聞いてください。
- 続いて、それについての 6 つの質問を読みます。
- もう 1 回、インタビューを聞いてください。
- もう 1 回、6 つの質問を読みます。1 問ごとにポーズをおきますから、その間に、答えを解答用紙の解答欄にフランス語で書いてください。
- それぞれの (　　　) 内に 1 語入ります。
- 答えを書く時間は、1 問につき 10 秒です。
- 最後に、もう 1 回インタビューを聞いてください。
- 数を記入する場合は、算用数字で書いてください。
(メモは自由にとってかまいません)(配点　20)

〈CD を聞く順番〉 ㉝ ⇨ ㉞ ⇨ ㉝ ⇨ ㉞ ⇨ ㉝

(1) Parce qu'il souhaitait que la ville (　) comme (　) du soulier.

(2) Il avait (　) en 1987 une association solidaire pour dynamiser l'(　) de la ville.

(3) De petites (　) menacées d'une (　).

(4) Parce qu'ils avaient (　) la ville.

(5) Elle consiste en l'(　) territorial : la marque privilégie les matières premières (　).

(6) Il y a des Parisiens qui ne mettent plus (　) des chaussures de la marque de Claude.

2
- まず、Marielle の話を 2 回聞いてください。
- 次に、その内容について述べた文 (1) 〜 (10) を 2 回通して読みます。それぞれの文が話の内容に一致する場合は解答欄の ① に、一致しない場合は ② にマークしてください。
- 最後に、もう 1 回 Marielle の話を聞いてください。
  （メモは自由にとってかまいません）（配点　10）

2 次 試 験

試験方法
○ 2次試験は個人面接です。(面接時間：約9分)
○ 各自の試験開始予定時刻の3分前にテーマを2題渡します。この3分間に、渡された2題のテーマのうちいずれか1題について考えをまとめておいてください。
○ 指示に従い試験室に入室し、はじめに氏名等についてフランス語で簡単な質問がありますから、フランス語で答えてください。
○ 次に選択したテーマについて、3分間、フランス語で自由に述べてください。つづいて、その内容についてフランス語で質問がありますから、フランス語で答えてください。時間の余裕があれば、一般会話をおこなうことがあります。

＊注意＊ ・テーマが渡されてから、辞書・参考書類を使ったり、音読したり、他の人と相談したりしないでください。
・試験室入室前に携帯電話、ポケットベル等の電源を切ってください。

2012年度は以下の問題のうちから、試験本部が選択したものを会場でお渡ししました。

次のテーマのうち、いずれか1題について考えをまとめておいてください。
【日本】
1.
  A) Que pensez-vous de la modification du calendrier de certaines universités japonaises qui fixerait l'entrée des étudiants en septembre ?
  B) Selon vous, une tablette numérique peut-elle remplacer un ordinateur ?
2.
  A) À la suite de l'abolition des règles limitant la concurrence,

beaucoup de compagnies à bas prix se sont introduites sur le marché du transport aérien. Qu'en pensez-vous ?

B) Le Japon va perdre un tiers de sa population d'ici 2060. Dans cette situation, comment peut-on défendre le système social nippon ?

【パリ】
1.
　A) Que ce soit en Grèce, au Portugal ou en Espagne, beaucoup de gens s'opposent aux politiques d'austérité. Qu'en pensez-vous ?
　B) Vous êtes pour ou contre le mariage homosexuel ? Pourquoi ?
2.
　A) La nouvelle première dame de France n'est pas mariée avec le président. Qu'en pensez-vous ?
　B) Selon vous, les réseaux sociaux comme Twitter et Facebook n'ont-ils que des avantages ?

2012年度 1級

総評 2012年度1級の出願者は705名（うち受験者は630名）で、1次試験の合格者は75名、対実受験者の合格率は12％でした。1次試験と2次試験の両方に合格した最終合格者数は68名（1次試験免除者12名をくわえると、2次試験の受験者数は85名、欠席者2名）、対実受験者の合格率は11％となり、昨年度と同水準となりました。

1次試験受験者全体の平均点は61点（満点は150点）で、昨年度より10点も低下しました。

個別に見ていくと、筆記試験では、①の名詞構文に書きかえる問題の平均得点率は昨年度より5ポイント下がって15％でした。また(1)と(4)の得点率がそれぞれ24％、20％であったのに対し、(2)と(3)の得点率は9％と大きな開きがあったのも気になります。名詞構文への書きかえは、苦手とする受験者が多いようですが、論理的な文章を書く際には必要な技術になりますので、さまざまな訓練を積んでほしいと思います。②の多義語に関する問題は、例年得点率がいちじるしく低くなる傾向にありますが、今年もひじょうにできが悪く、平均得点率は13％で、昨年の20％から7ポイントも下がりました。とくに正答率が低かったのは、(1) spéculations の2％、(2) insoluble の4％です。多義語の豊かさは、フランス語の特徴のひとつですから、これをしっかりマスターしないと高度のフランス語運用能力を習得したとは言えません。日ごろから辞書のさまざまな定義にくまなく目を通すよう心がけましょう。③の前置詞問題の得点率は、昨年度より17ポイントも下がり、19％とこの5年のなかでは最低値を記録しました。とりわけ(2) Les ouvriers ont laissé leur chantier (en) l'état [...] の得点率がわずか6％ときわめて低い水準にとどまったのが気になります。前置詞 en のあとには無冠詞名詞がつづくと思い込んでいる受験者には、落とし穴になったのかもしれません。④の時事用語・常用語についても平均得点率は大きく低下し、8％となりました。とりわけ得点率が低かったのは、(2)核抑止力 la (dissuasion) nucléaire、(4)保釈 la liberté sous (caution)、(5)累積債務国 un pays (surendetté) で、順に7％、4％、2％でした。ことに、(5)のできの悪さがきわだちました。昨年度の「公式問題集」でも指摘し

ましたが、経済関連の用語を苦手とする受験者が少なくないようです。多様な分野の時事的文章にふれるよう努めてください。5の長文中の空欄に適切な動詞を活用させて入れる問題の得点率は昨年度とほぼ同じで24％でした。得点率13％ともっともできが悪かった(2) Samedi, elle a [...] demandé « que justice (soit faite) » [...] については、まず apparaître と正解の faire との間で迷った受験者が多いようです。他方、例年のことながら、正しい動詞を選べていても、動詞を適切な態、法と時制に活用させ、さらには性数一致させる段階で多くの受験者がつまずき、得点率が伸び悩んだ例もありました。(4) Le soir de sa disparition, le collégien (rentrait) d'une soirée [...]（正答率15％）がその例です。複合過去を用いるのか、半過去を用いるのかで迷った受験者が多いようですが、フランス語の動詞の法や時制は、語り手の心理的アスペクトを反映していることを理解していれば、正答をみちびけたはずです。6の長文中の空欄に文あるいは文の一部を入れる問題の得点率については、今回、唯一大幅な改善が見られたところで、昨年度から17ポイント上昇して61％となりました。小問の得点率についても、(3)の得点率が49％とわずかに5割にみたなかった以外は、60％から73％と高水準になりました。7の選択式内容一致問題も比較的取り組みやすかったようで、平均得点率は昨年度より2ポイント上昇し、77％となりました。ただ、気になったのは(4) L'étude de l'équipe montre que les maladies relatives à la mémoire ne sont pas sans rapport avec la discontinuité du sommeil. のみ57％と得点率がかんばしくなかったことです。おそらく ne ~ pas sans「〜でないわけではない」という否定表現の重複を正しく解釈できなかったのだと思われます。昨年度も部分否定の否定 ne ~ pas que「〜だけではない」の解釈でつまずいた受験者が多かったことは、この解説で指摘したとおりですが、受験者が否定表現の解釈を苦手とする傾向はあまり改善されていないようです。8の和文要約については、今年度もっとも得点率が下がったところで、19％となりました。昨年度比で24ポイントの大幅な低下です。過去の「公式問題集」でもたびたび強調していますが、この問題では、要点を簡潔に日本語でまとめる努力をしながら、同時にキータームについては正確に訳すことが高得点を獲得するためのポイントです。キータームが欠落した解答、あるいはあいまいな訳に終わっているものは減点対象となります。9の和文仏訳は、昨年度と同様、得点率がきわめて低く、わずか18％という結果に終わりました。とくに3つ目の文の

2012 年度 1 級　総評

処理に苦労した受験者が多かったようです。日本語の表現をただフランス語に置きかえるのではなく、フランス語らしい文の構造をつねに意識しながら文を組み立ててください。

　昨年改善傾向の見られた書き取りと聞き取り①については、今年度はいちじるしく得点率が下がりました。書き取りについては、55％と昨年度の72％から17ポイントの低下、聞き取り①についても65％と昨年度の75％から10ポイント低下しました。昨年度の繰り返しになりますが、1級レベルでも、基本的な単語のつづりの誤り、アクサンの付け忘れ・向きの誤り、そして性数一致の見落とし、主語と動詞の活用の不一致といった語彙および文法レベルのケアレスミスが多く見うけられます。語彙については日ごろから正確なつづりを覚えるよう心がける必要があるのは言うまでもありませんが、文法レベルの誤りは、書き取り試験終了前の3分間を十分活用し、自分の書いた文章がフランス語として成り立つのか否か注意深く見直すだけでもかなり防ぐことができるでしょう。その際、ポワンの指示のあとは大文字で始めているか、アクサンの傾斜の向き（シルコンフレックスの場合ははっきりとした「屋根型」）は明確に書かれているかという点もかならず確認するようにしましょう。内容一致を問う聞き取り②については、得点率81％と依然1次試験のなかで高い得点率を保つ問題です。比較的得点しやすい筆記試験⑦や聞き取り②のような選択式内容一致問題において、確実に正答することも1級合格への重要な鍵となってきます。

2013 年度 1 級仏検公式ガイドブック

筆 記 試 験
解説・解答

〔1 次試験・筆記〕

1　**解　説**　あたえられた文のなかにあるイタリック体で示された動詞、形容詞、副詞を派生関係にある名詞に置きかえたうえで、全文をほぼ同じ意味の文に書きかえる問題です。日ごろから辞書をひく際、派生関係にある語群をまとめて覚えるようにすると豊かな語彙力が身につくでしょう。派生関係にある名詞が複数存在する場合がありますので、使い分けにも注意しながら学習してください。動詞、形容詞、副詞を名詞に書きかえる能力は、フランス語で論理的な文章を書く際に必要となります。1 級レベルのフランス語学習者にはぜひとも身につけてほしい能力のひとつなのですが、本問のできは例年あまりかんばしくありません。名詞への置きかえはできていても、書きかえた文が不自然であれば、減点対象となるからです。名詞をどのような構文のなかに組み込むのか、どのような動詞、前置詞と組み合わせるのが適切かという点まで心を配った答案はきわめて少数です。新聞や雑誌の記事においても名詞構文はよく見うけられますので、使える構文、表現だと思われるものはそのまま覚えるようにし、より自然なフランス語の文を書くコツをつかんでください。

(1) Ce garçon n'est pas très *vif* dans ses réactions.「この少年はあまり機敏に反応しない」という意味の文です。vif という形容詞と派生関係にある名詞は vivacité ですが、問題は n'est pas très vif をどのような名詞構文で置きかえるかです。être vif は avoir de la vivacité と書きかえられます。また ne pas très ~ という部分否定は ne guère (de) を用いるとよいでしょう。ですから完成された文は Ce garçon n'a guère de vivacité dans ses réactions. となります。n'est pas très vif の処理の仕方にはいくつかあり、先にあげた正解のほか、Ce garçon n'a pas beaucoup de vivacité dans ses réactions. / Ce garçon n'a que peu de vivacité dans ses réactions. / Ce garçon ne fait guère preuve de vivacité dans ses réactions. も可です。ただし、*Ce garçon n'a aucune vivacité dans ses réactions.* と全否定にしているものは不可です。さらに、Les réactions を主語にする構文も可能です。たとえば、Les réactions de ce garçon manquent de vivacité. などとします。

vivacité の誤答例として多かったのが、*vitalité*、*vivement*、*vie*、*vigueur* です。*viv<u>e</u>té* と存在しない語を作ってしまった答案もかなりありました。また、n'est pas très vif を *La vivacité de ce garçon n'est pas très bonne dans ses réactions.* や *Ce garçon ne réagit pas avec une bonne vivacité.* のように bon を打ち消す形で対処しようとした答案もありましたが、これは不自然です。得点率は 24％でした。

(2) Dans ce pays, on ne cesse de *se déchirer.*「この国では、たえず分裂を繰り返している」という文です。代名動詞 se déchirer と派生関係にある名詞は déchirement です。分裂は繰り返されているわけですから、ここでは不特定多数を示唆する不定冠詞を用いて、des déchirements と複数形にします。また、この文については、名詞構文にする場合、文の構造を思い切って変えなくてはなりません。まず、主語は Ce pays とします。その場合、on ne cesse de *se déchirer* の処理の仕方に悩むかもしれませんが、être en proie à ~「~にさらされる」を使うとうまくいきます。「たえず」は副詞 continuellement を用いるとよいでしょう。ですから、正解は Ce pays est continuellement en proie à des déchirements. となります。continuellement を constamment / perpétuellement / sans cesse としたものも可です。少しむずかしかったかもしれませんが、ジャーナリスティックな文章で、具体的な国名を主語として、être en proie aux attentats「テロに見舞われる」、être en proie à une épidémie「疫病に見舞われる」などといった表現はしばしば見うけられます。新聞や雑誌を読み込み、より豊かな文章表現を身につけましょう。ほかに、Ce pays est en proie à des déchirements continuels (constants / perpétuels / incessants). / Ce pays est victime de déchirements continuels (constants / perpétuels / incessants). / Ce pays est la victime (proie) incessante (continuelle / constante / perpétuelle) de déchirements. / Ce pays est continuellement (constamment / perpétuellement / sans cesse) la victime (proie) de déchirements. / Ce pays vit de continuels (de constants / de perpétuels / d'incessants) déchirements. などが正答として考えられます。以上の解答例からも明らかなように、主語を Ce pays としたもの以外は考えにくいと思われます。答案には *Dans ce pays, on ~* と設問文の構文をそのまま活用したもの、非人称構文 *Il y a ~* を用いたものが圧倒的多数を占めました。ちなみに、déchirement の誤答としてよく見うけられたのは、

déchirure、*déchirance*、*déchirence*、*déchirage* です。得点率はわずか9％でした。

(3) On s'étonne que cet acteur ait été aussi *franc* dans le récit de sa vie privée.「あの俳優があれほど率直に私生活を打ち明けたので、人々は驚いている」という意味の文です。形容詞 franc と派生関係にある名詞は franchise です。aussi franc「あれほど率直な」は「ひじょうに率直な」と換言できますから、la grande franchise と書きかえてよいでしょう。On s'étonne de la grande franchise [...] となるわけです。そして、la grande franchise に関係節 avec laquelle cet acteur a raconté sa vie privée をくわえて、どのような状況下で「率直さ」を見せたのか限定すればよいでしょう。完成された文は On s'étonne de la grande franchise avec laquelle cet acteur a raconté sa vie privée. となります。その他、On s'étonne que cet acteur ait raconté sa vie privée avec une aussi grande franchise (une si grande franchise / une telle franchise / tellement de franchise / tant de franchise). や、On s'étonne de la grande franchise de cet acteur dans le récit de sa vie privée. も可です。また、La grande franchise を主語にした構文も考えられます。その場合、少し頭の重い文ではありますが、La grande franchise du récit de la vie privée de cet acteur étonne. となります。franchise が書けない受験者が多かったようで、*franchement*、*franchité*、*francheté*、*franchisse*、*francisse* などの誤答がみとめられました。また、設問文にある aussi の用法を誤り、*On s'étonne aussi* [...] としている答案がかなりありましたが、こうすると aussi は「あれほど」と程度の強調を示す役割を失い、「人々は驚いてもいる」と付加を表わす機能語に変わってしまいます。また、On s'étonne de のかわりに *On s'étonne par* としたり、前置詞を置かずに *On s'étonne la franchise* としたりした誤答例も多く見うけられました。得点率は9％にとどまりました。

(4) Son mari croit Marie *aveuglément*, c'est stupéfiant.「夫が Marie の言うことをうのみにしているのは驚くべきことだ」という文です。副詞 aveuglément と派生関係にある名詞は aveuglement です。「夫がうのみにすること」は L'aveuglement de son mari となります。ここで注意すべきなのは、日本語訳にも示したとおり、croire + 人で「〜の言うことを信じる」という意味になることです。ですから「何をうのみにする」のか、対象を明らかにする際には、à l'égard des propos de Marie と propos「話、

言葉」という語をくわえなければなりません。完成された文は L'aveuglement de son mari à l'égard des propos de Marie est stupéfiant. となります。ほかの解答例としては、L'aveuglement de son mari à l'égard de ce que dit Marie est stupéfiant. / L'aveuglement dont fait preuve le mari de Marie à l'égard de ses paroles (propos) est stupéfiant. / L'aveuglement avec lequel son mari croit Marie stupéfie. が考えられます。いずれにしても、ce que dit Marie や les propos (paroles) de Marie などとし、夫が信じ込んでいるのは、「Marie の言うこと」だとはっきりさせましょう。したがって、*L'aveuglement dont fait preuve le mari de Marie à son égard est stupéfiant.* のように、夫が Marie その人を信じているとした場合は意味がずれるので不可です。avcuglement の誤答としてよく見うけられたのは、*aveugleté*、*aveuglesse*、*aveuglé* です。また、*Comme il est un aveugle [...]* や *Il est stupéfiant que son mari croit Marie comme un aveugle* とした答案もありましたが、まったく文意が変わってしまいます（そもそも後者の文の場合、croire は接続法になります。この場合は croie となります）。得点率は 20％でした。

この問題全体の平均得点率は 15％でした。

解　答　(1) Ce garçon n'a guère de vivacité dans ses réactions.
(2) Ce pays est continuellement en proie à des déchirements.
(3) On s'étonne de la grande franchise avec laquelle cet acteur a raconté sa vie privée.
(4) L'aveuglement de son mari à l'égard des propos de Marie est stupéfiant.

2　**解　説**　多義語の問題です。A、B の両方の（　　　）内に入る 1 語を考えて解答欄に記入します。文法的に可能な条件（品詞や性数など）をしぼったうえで、両方の文をことなった意味で完成させうる 1 語をさがします。語彙の意味の広がりにどれだけ通じているかが問われますので、日ごろから辞書のさまざまな定義にくまなく目を通すように心がけましょう。

(1) **A**　Ce livre m'ennuie à cause des (spéculations) philosophiques de l'auteur.「この本では著者が哲学的思索を展開していて退屈だ」という意味です。

B Les (spéculations) immobilières étaient à l'origine de la crise mondiale.「不動産投機がこの世界的恐慌の原因だった」という意味です。受験者は2つの文に入れて意味の通る語をさがすのに苦労したようです。まず、無回答の答案がかなりありました。次に誤答例として多かったのは、**B** の文から想像したと思われる *chutes*、*bulles*、*manques*、*investissements*、**A** の文から想像したと思われる *critiques* です。その他、*mal*、*situations*、*valeurs*、*idées*、*mauvaises*、*intérêts*、*actions*、*expressions*、*tendances* など、実に多様な誤答例がみとめられました。得点率はわずか2%でした。

(2) **A** Ce problème ne me semblait pas (insoluble), mais j'ai dû l'abandonner au bout d'une demi-heure.「この問題は解決不可能とは思われなかったが、半時間後にはあきらめざるを得なかった」という意味です。

B La peinture à l'huile est (insoluble) dans l'eau.「油性塗料は水に溶けない」という意味です。この問題も受験者には取り組みにくかったようで、無回答の答案が相当数ありました。また、**A** から答えをみちびきだそうとしたと思われる *difficile* もかなりみとめられましたが、ためしに、**B** の文に入れて訳してみると、「油性塗料は水のなかでは気むずかしい」となり、まったく意味をなしません。その他の誤答例としてよく見うけられたのは、*dur*、*dûr*、*solide*、*résolu*、*grave*、*complex*、*claire*、*ferme*、*bien*、*fragile* です。また、*soluble*、*soluable*、*insoluvable* など、おしい答案もかなりありました。得点率は4%でした。

(3) **A** Le fermier va (semer) du blé dans son champ.「農民はこれから畑に小麦の種をまく」という意味です。

B Le malfaiteur a réussi à (semer) les policiers.「犯人はうまく警察官をまいた」という意味です。誤答例として多かったのは、**A** の文から想像したと思われる *récolter* ですが、これでは **B** の文の意味が通りません。その他の誤答例としては *cultiver*、*couper*、*échapper*、*convaincre*、*battre* などがあげられます。得点率は13%でした。

(4) **A** Pour l'atterrissage, nous vous prions de relever le (dossier) de votre siège.「着陸にそなえて座席の背を元の位置におもどしください」という意味です。

B Zoé prépare son (dossier) de candidature pour une école de commerce.「Zoé は商業学校の願書を準備している」という意味です。**B** の文の dossier de candidature はよく用いる表現ですから、こちらから答えを推測すると取り組みやすい問題だったと思われるのですが、残念なことに、もっとも多かった誤答は *dos* でした。先に目に入った文にまどわされないようにしましょう。その他の誤答例としては、*ceinture*、*table*、*cours*、*siège*、*entretien* などがありました。得点率は 33％でした。

この問題全体の平均得点率は 13％でした。

解答 (1) spéculations　(2) insoluble　(3) semer　(4) dossier

3 **解説** 前置詞を（　　）のなかに入れて文を完成させる問題です。成句的な表現をひとつひとつ覚える地道な努力も必要ですが、同時に基本的な前置詞について、本来どのような機能をはたすのか辞書で確かめておくことも大切です。

(1) Ce roman a été tiré (à) dix mille exemplaires.「この小説の発行部数は 1 万だった」という意味になります。tirer à ~ で「（本などが）～部数発行される」という熟語表現を知っていれば容易に解答できたでしょう。ここで前置詞 à は数詞をともなって値段、評価、数量を示す役割をはたしています。à の同じ用法をふまえた表現としては、le menu à 30 euros「30 ユーロの定食」、Cette écharpe est à 80 euros.「このスカーフは 80 ユーロする」などがあげられます。得点率は 22％でした。

(2) Les ouvriers ont laissé leur chantier (en) l'état : il y a des outils partout.「作業員たちは工事現場をほったらかしにした。道具があちこちに散らばっている」となります。en l'état で「現状のままに」という意味の熟語表現です。前置詞 en のあとには無冠詞名詞がつづくのが一般的ですが、この設問文にあるように、定冠詞をともなう名詞とともに慣用表現を作る場合があります。en l'honneur de ~「～に敬意を表して」、en l'occurrence「このような場合には」などがその代表例です。得点率はわずか 6％でした。

(3) Vos développements sont convaincants, mais la fin tombe (dans) le ridicule.「あなたの論理には説得力があるけれども、結論はお笑い種です

よ」という意味です。tomber dans le ridicule「もの笑いの種になる」という意味の熟語表現を知っているか否かがポイントになります。tomber は dans ＋定冠詞をともなう名詞、あるいは en ＋無冠詞名詞で「(ある状態に) おちいる」という意味の熟語的表現を作ります。その例としては、tomber dans l'erreur「誤る」、tomber dans l'oubli「忘れ去られる」などがあげられます。比較的取り組みやすい問題だったようで、得点率は 38％でした。

(4) (Par) temps de neige, les personnes âgées doivent éviter de sortir.「雪が降っているときには、お年寄りは外出をひかえるべきだ」となります。前置詞 par は、このあとに天候表現や、時間表現がつづくと、「～のとき、～のさなかに」という意味になります。par temps de pluie「雨天のとき」、par gros temps「荒天のとき」などはその例です。得点率は 11％でした。

この問題の平均得点率は 19％でした。

解答 (1) ①　(2) ⑤　(3) ③　(4) ⑥

4 **解説** 時事用語や、日常生活でよく使われる用語についての知識を問う問題です。コンピューターや通信、経済・金融、政治、社会、環境、軍事など幅広い分野から出題されます。また、日本語をそのまま直訳しただけでは正答にならないような表現が出題される傾向にありますので、新聞、雑誌記事を読み込み、時事用語、常用語をこまかくチェックしてください。とりわけ、法律、経済関係の用語になると正答率が下がる傾向にありますので、柔軟な語彙力を身につけるよう心がけてください。

(1)「格付け会社」は une agence de (notation) といいます。誤答としてもっとも多かったのが *classement*、*classification* です。「格付け」という日本語にとらわれたのでしょう。その他の誤答例としては、*évaluation*、*note*、*notification*、*qualification*、*rang*、*valeur*、*valorisation* などがありました。無回答もかなりありました。得点率は 12％でした。

(2)「核抑止力」は la (dissuasion) nucléaire といいます。dissuasion は「思いとどまらせること」を意味し、肯定的な「説得」を意味する persuasion とは逆の意味になります。誤答例としては、*défense*、*détente*、*force*、*oppression*、*prolifération*、*prévention*、*puissance*、*suppression* などがありました。全体的に日本語の「抑止」や「力」という表現にとらわれている

ようすがうかがえます。*dissuation*、*disuassion* など、つづりミスも見うけられました。得点率はわずか7%でした。

(3)「再生可能エネルギー」は une énergie (renouvelable) といいます。誤答例として圧倒的に多かったのが *recyclable*、*recyclé(e)* のような「リサイクル」関連の語です。その他の誤答としては、*reproductive*、*réutilisable* などがあげられます。*rénouvelable*、*renouvellabe*、*renouverable* のようなつづりミスもありました。得点率は17%でした。

(4)「保釈」は la liberté sous (caution) といいます。誤答例としては、*surveillance*、*condition*、*réserve*、*garde*、*loi*、*observation*、*détention*、*contrôle*、*limite* などがあげられます。「保護観察」や「条件付き」、「留保付き」というイメージをフランス語に写し取ろうとしたようすがうかがえます。無回答も相当数ありました。得点率は4%でした。

(5)「累積債務国」は un pays (surendetté) といいます。誤答例には *endetté*、*dette*、*detté*、*déficit*、*déficitaire*、*rouge*、*accumulé* などがありました。得点率は2%でした。

この問題の平均得点率は8%でした。

解答 (1) notation (2) dissuasion (3) renouvelable (4) caution (5) surendetté

5 **解説** 長文の内容を把握しながら、もっとも適切な意味の動詞を選び、さらにそれを正しく活用させる問題です。動詞の態・法・時制のみならず、必要に応じて過去分詞の性数一致にも注意をはらわなくてはなりません。今回は、行方不明になり、腕の一部だけがみつかった少年の遺体捜索活動の話が取り上げられました。

(1) 第1段落前半では、ボルドーで起こった痛ましい事件の内容と人々の反応がまとめられています。André Duval という14歳の少年が行方不明になったあと、腕の一部だけがガロンヌ川でみつかり、この少年の両親に同情する5000人もの人々がデモ行進をおこなったというのです。(1) をふくむ文では、このデモ行進がおこなわれる前日、少年の母親がとった行動が語られています。La veille au soir, la mère d'André (1) toute sa « haine » face à quelques journalistes massés devant chez elle, et réclamé la totalité du corps de son fils afin de pouvoir faire son deuil.「前

日の夕方、Andréの母親は自宅前に集まった何人かの記者たちに対し、あらんかぎりの『憎しみ』を（ 1 ）とともに、息子をとむらえるよう、遺体を全部返してほしいと要求した」とありますから、あたえられた8つの動詞のうち、（ 1 ）に入れるのにもっともふさわしいのは crier「叫ぶ」だと容易に気づくでしょう。問題はふさわしい法と時制に活用させることです。空欄の設けられた文の直前では、ボルドー市民によるデモ行進という出来事が直説法複合過去で語られています。被害者の母親が報道陣に憎しみの念をぶつけたのは、「その前日の晩」であり、デモ行進に先立って起こった出来事ですから、crier は直説法大過去にする必要があります。正解は (avait crié) となります。半数以上の受験者が crier を選んだものの、そのうちの半分以上は直説法複合過去 *a crié* としていました。得点率は23％でした。

　(2) 前問につづく文に（ 2 ）が設けられています。Samedi, elle a remercié la population, demandé « que justice (2) » ; [...]「土曜日、少年の母親は住民に感謝の意を示すと同時に、『正義が（ 2 ）ように』との願いを述べた」とありますので、ここでは「なす」「実現する」という意味の動詞 faire を選び、受動態にします。「正義が実現されるように」となればよいのですが、これは André の母親が頭のなかで「こうあれかし」と考えていることですから、接続法を用います。また、主語が女性単数ですから性数一致も忘れないようにしましょう。正解は justice (soit faite) となります。受験者はまず動詞の選択で迷ったようで、faire のかわりに *apparaître* を選び、*apparaisse* とした解答がかなりありました。また、faire を選んだ場合でも、能動態のままの *fasse*、あるいは受動態にしながらも過去分詞の性数一致を忘れた *soit fait* のような解答もありました。得点率は13％でした。

　(3) puis という接続詞から推測されるように、（ 3 ）をふくむ文では、前文で語られている内容につづいて母親がとった行動が述べられています。[...] puis elle (3) en larmes dans les bras de sa sœur lorsque le cortège s'est arrêté devant un poteau indicateur de la rue, où le vélo de son fils avait été retrouvé.「それから母親は息子の自転車が発見された道路標識の前で行列が止まったとき、姉（あるいは妹）の腕のなかで（ 3 ）」とありますが、ふさわしい動詞を選ぶためには、空欄の直後の en larmes という表現に注目しましょう。すると、空欄には s'effondrer を入れて、

202

s'effondrer en larmes「泣き崩れる」という熟語表現を完成させればよいとわかります。また、ここでは前文から時系列順に出来事を述べていますから、s'effondrer は直説法複合過去にします。再帰代名詞 se は直接目的補語ですので、過去分詞の性数一致も必要です。正解は (s'est effondrée) となります。半数以上の受験者が s'effondrer を選んでいましたが、crier、se fendre を選んだ受験者もかなりいました。その結果、誤答例として高い比率を占めたのが、*a crié*、*s'est fendue* です。次いで誤答として多かったのが、s'effondrer を選びながらも過去分詞を誤った *s'est effondue*、*s'est effondu* です。得点率は36％でした。

(4) 第2段落では、少年の遺体捜索活動について述べられています。まず、段落の冒頭では、警察は川沿いのアパートを空き家もふくめて入念に捜索し、少年のものと思われる血痕が残っていないか調べたとされています。そののち、(4) が設けられた文がつづいています。Le soir de sa disparition, le collégien (4) d'une soirée passée chez un de ses copains.「行方不明になった夜、少年は友だちの家でのパーティーから(4)」とありますが、文脈から判断して動詞 rentrer「～から帰る」を選べばよいのは明らかです。また、この文は、事件が起こったときの少年の状況を説明するものですから、「帰りつつあった」という過去進行形のニュアンスを表現せねばならず、ゆえに rentrer を直説法半過去に活用させるのがポイントとなります。正解は (rentrait) です。誤答例としてもっとも多かったのが直説法複合過去 *est rentré* ですが、仮に複合過去を用いた場合、少年が友だちの家から帰るという行為は完了した出来事になってしまいます。次に誤答として多かったのが直説法大過去 *était rentré* でした。得点率は15％にとどまりました。

(5) 少年は22時51分、銀行のATMに設置された防犯カメラに自転車をこぐ姿がとらえられたのを最後に行方がわからなくなり、その後、彼の身に何が起こったのかはいまだ解明されないままだ、とされています。そして、捜索がつづけられていると述べられたあとに、Selon une source, des traces de sang suspectes (5) sur un pont qui enjambe la Garonne；[...]「ある情報筋によると、少年のものと思われる血痕がガロンヌ川にかかる橋のうえで (5)」とつづいています。文脈から判断すると、動詞 trouver を受動態で用いて「みつかった」とすればよいとすぐにわかるでしょう。これを適切な法と時制に活用させるには、さらに文頭の Selon

une source「ある情報筋によると」という副詞句に注目します。つまり伝聞であることを明示するためには、trouver を受動態かつ条件法過去に活用させた des traces de sang suspectes (auraient été trouvées)「少年のものと思われる血痕がみつかったとのことだ」がもっとも適切な形となるのです。ただし、直説法複合過去形の des traces de sang suspectes (ont été trouvées) も実際には排除できないので可としました。誤答例として多かったのは、ont été trouvés、a été trouvé、ont été trouvé です。得点率は32％でした。

この問題全体の平均得点率は 24％でした。

解答 (1) avait crié　(2) soit faite　(3) s'est effondrée
(4) rentrait　(5) auraient été trouvées

6 **解説**　文章の流れを追いながら、5つの空欄に入れるのに適切な文の一部を8つの選択肢のなかから選び、文章を完成させる問題です。話題の展開を確実に把握しないと正解にはたどりつけませんので、日ごろからさまざまなジャンルの文章にふれ、その論理構成をしっかりとらえる訓練を積んでください。今回は、モロッコにおける映画館の保護活動が主題でした。

⑴ 第1段落では、まず、Badou Hadji が創設した「モロッコ映画友の会」という協会がこの国での映画館保護活動にたずさわっていることが紹介されます。さらに、それはモロッコで数多くの映画館が打ち捨てられているという事情に起因するものだとされます。そして第2段落冒頭には、Ces fermetures en cascade ne reflètent pas (1)「このように次々と映画館が閉鎖される状況は、(1)を反映していない」とあり、空欄のあとに qui est illustrée par le piratage massif「それは海賊版が大量に製作されていることからもよくわかる」とつづいています。前後関係から選択肢のなかで空欄に入りそうな名詞句は②か⑤にしぼられますが、② la demande énorme d'images en Afrique「アフリカにおける映画の需要の高さ」を入れると文がうまくつながります。得点率は 63％でした。

⑵ 海賊版の大量製作をおさえるために、モロッコの映画館組合は合法的に輸入される DVD の管理を望んでいるとされます。筆者は、そのような措置が Une nécessite「必要不可欠だ」と述べたうえで、その理由を提

示すべく、sinon les salles de cinéma sont condamnées à la disparition tant que (2)「そうしなければ、(2) かぎり、映画館は消滅してしまうだろう」とつづけています。空欄の直前の tant que に注目すると、空欄に④を入れ、tant que (la piraterie dominera le marché de l'audiovisuel)「海賊版が映画市場を支配するかぎり」とし、どのような条件下にあると映画館が消滅してしまうのか明確にすればよいとわかるでしょう。得点率は 60％でした。

(3) 第 3 段落では、まず、映画館のデジタル化が発展の条件だと示されたあと、その理由が Badou Hadji の発言を通して明かされます。その冒頭に空欄 (3) が置かれています。(3) につづく部分を見てみましょう。[...] et donc de lutter contre le piratage「その結果、海賊版製造に対抗することになる」とあります。ここで de +不定法が用いられていることに注目すると、構文として成り立つのは選択肢③で用いられているpermettre か、⑧で用いられている être obligé だとわかります。また、空欄の先では、[...] elle facilite aussi la diffusion des grandes événements, une finale de foot ou l'élection présidentielle, par exemple.「たとえばサッカーの決勝や大統領選挙のような大きなイベントの伝播も促進する」とあります。主語人称代名詞 elle は前出の女性単数の名詞を指すので、正解は③だとわかるでしょう。(La numérisation permet la simultanéité des sorties) partout dans le monde et donc de lutter contre le piratage「デジタル化によって、映画の封切りを世界中いたるところで同時におこなうことができ、その結果、海賊版製造に対抗できるようになる」が正解だとわかります。得点率は 49％でした。

(4) 第 3 段落の末尾では、映画館をデジタル化すれば、映画館は本当の意味での社交の場になると、デジタル化のメリットが重ねて強調されています。その一方で、第 4 段落では、デジタル化にまつわる問題点が示されてもいます。それは、経費が高くつくことです。ですから、論者は En l'absence de véritable politique culturelle publique, (4).「実効力のある公共文化政策がなければ (4)」と述べています。(4) に入りそうなのは、⑥と⑦ですが、空欄のあとに、C'est compliqué, car ils ne croient pas toujours à la culture.「それはむずかしい、なぜなら彼らはかならずしも文化の価値を信じていないからだ」とつづいていることにかんがみると、よりふさわしいのは、公私の差をきわだたせる⑦ l'association doit convaincre de

potentiels investisseurs privés「協会は有望な個人投資家を説得しなければならない」だとわかるでしょう。得点率は63％でした。

(5) À terme, l'association veut créer (5).「最終的には、協会は（ 5 ）を作ることをねらっている」とあります。つづくBadou Hadjiの発言では、協会は新たな経済モデルを作ることをめざしているが、そのためには映画館を真の映像センター、文化・教育施設にすることが重要であるとあります。したがって、正解は① des espaces qui sont plus que des salles de cinéma「映画館以上の空間」となります。得点率は73％でした。

この問題全体の平均得点率は61％でした。

解答 (1) ②　(2) ④　(3) ③　(4) ⑦　(5) ①

7 **解説** 長文を読み、そのあとに示される6つの設問の内容が本文の内容に一致しているかどうか判断する問題です。限られた時間でまとまった長さの文を読みこなす力がためされます。6つの設問に先に目を通しておくと、効率的に論旨をとらえられるでしょう。その際、設問文はアルファベ順であるため、文章の論理展開の順に並べられてはいないことに気をつけてください。今回は、睡眠と記憶力の関連についての解説文が取り上げられました。

(1) 設問文では「Nataya Clarkによると、断続的な睡眠でも、記憶力が不安定になるおそれはない」と述べられています。しかし、本文の随所において、記憶を安定化させるには一定の時間の継続的な睡眠が必要だとする見解が提示されています。したがって、本文の内容とは一致しません。得点率は81％でした。

(2) 第2段落では、深い睡眠は、翌日何を優先的におこなうか判断するうえで必要不可欠とされています。ですから、「深く眠っても、翌日なすべきことに優先順位をつけるプロセスにはまったく影響をあたえない」とする設問文は本文の内容に一致していません。得点率は90％でした。

(3) 設問文では、「ある最先端の科学技術によって睡眠をさまたげられたネズミは、自分に身近なものをそれと認めるのに困難を覚える傾向にある」とされています。この文は、本文第4段落前半部分の内容と一致しています。得点率は90％でした。

(4) この設問文ではne ~ pasとsans ~ というふたつの否定表現が重複

して用いられていますので、解釈の際には注意が必要です。sans という否定の前置詞が ne ~ pas という否定表現で打ち消されているわけですから、「~でないわけではない」、すなわち肯定の意味になるのです。ですから、設問文は「研究チームの分析から、記憶力に関係する病気は、断続的な睡眠と関係があるとわかる」という意味になります。ところで、本文第5段落後半には、アルツハイマーやその他加齢とともに発症する認知障害のように、記憶力にかかわる病気に見舞われた人は、継続的な睡眠をとれなくなっているとあります。ですから、設問文は本文の内容に一致します。得点率は57%でした。

(5) 本文第3、4段落を一読すると明らかになるとおり、睡眠と記憶力の関係を明らかにしようとする Nataya Clark の研究は、ネズミを使った実験にもとづいて進められています。ですから、「Nataya Clark の仮説は動物実験をもとに示された」というこの文は、本文の内容と一致しています。得点率は74%でした。

(6) 設問文には、「Nataya Clark によると、睡眠が中断されると、日中獲得された記憶を定着させるプロセスの完了がさまたげられる」とあります。第4段落後半から第5段落前半にかけての Nataya Clark の説明では、日中に蓄積された記憶は、継続的に眠っている間に蓄積かつ整理されるが、睡眠が途絶すると、このプロセスをゼロからやりなおさなくてはならなくなるとされます。したがって、設問文は本文の内容に一致します。得点率は69%でした。

この問題の平均得点率は77%でした。

解答 (1) ② (2) ② (3) ① (4) ① (5) ① (6) ①

8 **解説** 長文を読み、そのポイントを日本語で要約する問題です。ただ文章の一部を和訳するだけでは得点につながりません。文章全体の論旨をしっかり把握し、キーワードをおさえながら自分のことばで内容をまとめなければなりません。したがって、日ごろから抽象度の高い文章を読みながら、確実に論理展開をとらえる訓練をすると同時に、フランス語と日本語、両方の表現力をつちかう必要があります。今回は、漫画に描かれる暴力の表象の特徴とその影響力がテーマでした。

(1) オーストリアの研究グループが漫画 *Astérix* についての研究から得

た結論をまとめるには、第 1 段落の 6 行目以降をていねいに読み込んでいく必要があります。ポイントはふたつあります。a) 34 巻で 704 名もの負傷者が確認されたとありますから、解答ではまず、「多くの暴力が描かれていること」にふれます。b) つづいて第 1 段落後半の傷の表象についての解説をまとめます。その際、10 行目の il y a inadéquation entre le coup porté et la blessure constatée「殴打の強度と傷の程度がつりあっていない」という主旨の一節がキーセンテンスになります。この一節を軸としつつ、さらに「傷と殴打」がどのようにつりあっていないのか、具体的に説明する必要があります。本文では傷が殴打にみあっていない非現実的な描写に、まだ幼く、軽信しがちな子どもたちが影響され、学校の友だちに石をぶつけても頭がぼんやり痛い程度だろうと思ってしまうとあります。つまり、解答では、受けた殴打に比して「被害者の傷が浅いこと」を明記します。字数内に収めるには、自分のことばによる言いかえが必要だったからか、得点率は 18% にとどまりました。

(2) 漫画が描く暴力の影響に関するオーストリアの研究グループの見解を要約するには、おもに第 1 段落末尾と第 2 段落冒頭に注目しましょう。正答をみちびくには、やはりここでも 2 段階のプロセスを経る必要があります。a) まず、第 2 段落冒頭の Ainsi, la lecture de BD contenant de la violence, même caricaturale et parodique, serait un facteur de risques et doit être pratiquée avec précaution.「したがって、暴力を描く漫画を読むことは、たとえその描かれ方が風刺的であったり、おもしろおかしいものであったりしたとしても、危険因子となりうるから、注意すべきである」というのがキーフレーズであるのは容易にわかるでしょう。ここからおさえるべき第 1 のポイントは、「暴力を描く漫画を読むのには危険をともなう」という点です。b) さらに、このキーフレーズがここまでの論理展開をうけていることをふまえ、第 1 段落末尾に目を向けます。すると暴力を描く漫画を読むことにひそむ危険とは、暴力が被害者にあたえる痛みを軽く見積もってしまうことだとわかります。したがって、おさえるべき第 2 のポイントは「暴力の威力を軽視する態度を助長すること」になります。思い切った言いかえを苦手とする受験者が多いようで、この設問もひじょうにできがわるく、得点率は 15% にとどまりました。

(3) 宗教的観点に立った漫画批判についての筆者の考えは、第 2 段落の後半に展開されています。キーフレーズは、Le pire, c'est que ce type de

rejet tranché provoque bien souvent [...] un ardent désir de découvrir ces livres-là.「一番困るのは、こうしたきっぱりとした拒絶がこの手の本（すなわち禁書）を読みたいという強い欲望をかきたてる場合が多いということだ」という一節となります。解答を作成する際には、「きっぱりとした拒絶」とは宗教的、道徳的観点に立った「禁書処分」であることを明確に示しましょう。本文中の表現を使って解答できる部分があったためか、得点率はややあがり、25％でした。

この問題全体の平均得点率は19％でした。

> [解答例] (1) 多数の暴力が描かれているが被害者の傷は浅いということ。（27字）
> (2) 暴力の威力を軽視する態度を助長する危険があるということ。（28字）
> (3) 禁止措置が、かえって禁書への興味をかきたてる結果になる。（28字）

9 [解 説] 和文仏訳の問題です。ただ「タテのものをヨコにする」調子で逐語訳しても「自然なフランス語」の文章にはなりません。日本語の文章の意味をよく理解し、それをフランス語特有の表現や文体を使いこなして作文する力が求められます。その際、大胆な発想転換をおこなわなくてはならない場合もあることを念頭に置いて日ごろの訓練をおこなってください。「自然なフランス語」の文章を書く能力を養うには、和文仏訳の問題を数多くこなすのも必要ですが、それだけでなく、新聞や雑誌を読んでいて、使えそうだと思う表現に遭遇したら、それをそのまま覚えてしまうのも大変有効な手段です。

今回は、アリの生態に関するエッセイ風の文章です。まず、「アリはみな働き者だと思われている」は、On pense que les fourmis sont toutes travailleuses となります。「アリはみな働き者だ」は toutes les fourmis sont (des) travailleuses、あるいは les fourmis sont toutes des travailleuses でも可。まず、「アリ」に対応するフランス語 fourmis がわからなかった受験者がひじょうに多く、苦戦しているさまがうかがえました。ハチやセミとまちがえて abeilles、cigales としたもの、英語で ants、ante(s) としているもの、苦しまぎれに insectes nommés « Ari » en japonais と説明的

に訳したものなど、じつに多様な誤答ないし「珍答」が見うけられました。もっとも驚くべきは、arinco（ありんこ？）とした答案があったことです。「実際のところ」は en réalité / à vrai dire / en fait などと表わせます。そして、「巣にいるアリのおよそ7割はほとんど働いていない」ですが、これは environ 70% de celles qui sont dans une fourmilière ne font presque rien とします。およそは、approximativement / à peu près / en gros でもかまいません。「巣」une fourmilière が書けていた答案はほぼ皆無で、多くの受験者は un nid を用いてうまく逃げていました。また「ほとんど働いていない」は ne font pas grand chose (grand-chose) / ne travaillent guère / ne travaillent presque pas / travaillent à peine とすることもできます。

　さて、ふたつ目の文、「しかし、この『なまけもの』のアリが、いざというときに大きな力となる。」は、Cependant, ces fourmis « paresseuses » deviennent en cas de besoin d'un grand secours. とします。「しかし」は、Mais / Toutefois / Pourtant / Néanmoins でもかまいません。また、「いざというときに」は、au besoin / le cas échéant / si besoin est / quand besoin est / en cas de nécessité (d'urgence) / si le besoin s'en fait sentir とも表わせます。ふたつ目の文でもっともできが悪かったのが「大きな力となる」というところです。この一節は、sont d'un grand secours / deviennent (sont) d'une grande aide (d'une grande utilité) ともできますが、そもそも d'un grand secours という表現を思いついた受験者はほとんどいませんでした（性質を表わす前置詞 de に注意してください）。devenir la (une) grande force のように de を省いた答案が多かったのですが、このような場合、de は必須です。

　最後の文の処理が一番むずかしかったようで、点数に結びついている答案はほとんどありませんでした。まず、「個性のちがう者たち」は Les fourmis qui ont des caractères différents とします。残念なことに、caractères différentes としている答案がかなりあり、caractère を女性名詞と勘ちがいしている受験者が多いと判明しました。名詞の性はきちんと覚えましょう。また、Chacun, avec des caractères différents としている答案も多かったのですが、「それぞれ」「おのおの」と個を強調する不定代名詞 chacun と des caractères という複数名詞とはうまくつながりません。次に、「役割を分担して」は、se partagent les rôles とします。答案には、再帰代名詞 se な

しで *partagent* としているものが圧倒的に多かったのですが、代名動詞 se partager に「互いに仕事や利益を分け合う」という意味があることはしっかりおさえておきましょう。ほかに se distribuent les rôles や se répartissent les tâches といった表現も可です。いずれも代名動詞が相互的用法で用いられていますが、この用法は日本人にはもっともニュアンスのつかみにくいもののようですので、実例を確かめながら使い方を習得してください。つづいて、「組織全体を支える」は soutiennent l'ensemble de l'organisation とします。soutenir のかわりに「サポート」から発想したと思われる *supporter* を用いている受験者が多かったのですが、これは不可です。さて、最後の一節「さながら人の社会のようだ」の処理には工夫が必要です。模範解答にあるように、思い切って発想を変え、Les fourmis [...] se partagent les rôles et soutiennent l'ensemble de l'organisation comme dans la société humaine と副詞句にして添えるとすっきりします。答案には ressembler à la (notre) société humaine としたものが圧倒的に多かったのですが、これも可です。

　平均得点率は 18％ と一昨年度、昨年度に引きつづききわめて低い得点率になりました。

解　答　On pense que les fourmis sont toutes travailleuses mais en réalité environ 70 % de celles qui sont dans une fourmilière ne font presque rien. Cependant, ces fourmis « paresseuses » deviennent en cas de besoin d'un grand secours. Les fourmis qui ont des caractères différents se partagent les rôles et soutiennent l'ensemble de l'organisation comme dans la société humaine.

書き取り・聞き取り試験
解説・解答

〘1 次試験・書き取り〙

解説 書き取り試験では、音を正確に聞き取って適切な単語や表現に結びつけ（聴取レベル）、その音を正確につづり（単語レベル）、さらに文法的に正確な文として組み立てる（統辞レベル）必要があります。とくに、語末の子音、複数の s など発音されない部分を必要に応じて書き足さねばなりません。そのほか、性数一致、動詞の法や時制あるいは活用などにも注意をはらうよう努めましょう。

今回は、悪性腫瘍除去のため、片足を切断した女性が、松葉杖を用いてフランスを一周し、がん対策協会のために募金を集めているという話でした。

（聴取レベル）今回、昨年度より書き取り試験の得点率が大幅に下がりましたが、その最大の要因は、全体的に聴取レベルでのミスが昨年度より多かった点にあると思われます。まず、もっとも多くの受験者が聞き逃してしまったのが、9 番目の文の elle s'est bien entraînée et est sur le point de réussir. の et est という箇所です。似た発音の母音が連続したのが聞き取りにくかったようで、半数以上の答案で est が抜けていました。また、et *elle* としていた答案も相当数ありました。この箇所は être sur le point de という基本的な成句的表現を知っていれば、正しく解答できたはずです。耳で得た情報に自信がない場合、身につけている語彙力や文法知識をもとに正しいフランス語の表現はどのようになるか考えながら解答してみてください。正答率がぐんとあがるはずです。その他、聴取レベルでの誤答が多かった箇所を話の流れの順に追っていくと、まず冒頭の n'a qu'une を *n'aucune* とした受験者がかなりいました。これでは、動詞がないことになり、文が成立しません。次に、3 番目の文の des dons を *de don*、*le don* とした答案も相当数見うけられました。たしかに音だけで冠詞を聞き分けるのはむずかしいかもしれませんが、de は通常否定文で用いられる冠詞ですし、「寄付を集めている」という場合、dons は複数形になりますので、この文脈で単数の定冠詞 le が用いられることはありません。また、今回大半の受験者が、聞こえた音がどのような単語なのか想像できなかっ

た例もありました。4番目の文の sillonne です。この単語を知らない受験者が多かったのでしょうか、*s'y*、*s'*、*si*、*suit* などまったくちがう単語がつづられた答案が続出しました。その他の誤答としては *sillone*、*sionne*、*syonne*、*cyonne*、*silone*、*sienne* などがあり、受験者が耳慣れない音をフランス語に写し取ろうと苦労しているさまがうかがえました。つづいて、7番目の文の関係節 qui mettait sa vie en danger にふくまれた動詞 mettait について、*m'était* と解答した受験者が相当数いました。たしかに発音は似ていますが、これでは関係節の意味が通じません。9番目の文の冒頭の Pas certaine も誤答が多かった箇所です。*Par certaine* とした答案が多く見られました。最後に、10番目の文の結びにある sans arrêt も聞き取りにくかったようで、該当箇所を空白にした答案、*sans aller* とした答案がかなりありました。

（単語レベル）まず、ほとんどの受験者が正しくつづれなかったのが2番目の文の des béquilles です。*des bequilles*、*des bequille*、*de béquille*、*de bequille*、*des vequilles*、*des véquilles* など、不定冠詞の形をふくめて、さまざまな誤答例が見うけられました。次に、3番目の文にふくまれた le but について、例外的に語末の t を発音することをおさえていなかったのか、*le bute*、*le butte* などとした答案がありました。つづく recueillir ですが、先の béquilles と同様、大半の受験者がつまずきました。*recuillir*、*recuille*、*receuillir*、*recuiller*、*recuir*、*recuire*、*recuil*、*recueiller*、*récueillir* など多様なつづりミスが確認されました。6番目の文の形容詞 courageuse も *couragieuse*、*courrageuse* などつづりミスがめだったところです。基本動詞の活用のつづりをまちがっている例もありました。8番目の文の a donc dû や9番目の文の elle s'est bien entraînée です。dû や entraînée のアクサン・シルコンフレックスを忘れた答案が相当数確認されました。基本的な単語でのつづりミスを減らすことが着実に得点を重ねるための重要なポイントです。最後に、9番目の文にふくまれる son défi ですが、*son défit* と不要な t をくわえている答案が続出しました。例年、語末の子音が発音されない単語が出題されることが少なくないので、それを意識しすぎたのでしょうか。

（統辞レベル）まず性数一致についてのまちがいがもっとも多かったのが、3番目の文の Elle s'est fixé です。この場合、再帰代名詞 se は間接目的補語であるため、性数一致の必要はないのですが、半数以上の受験者が *Elle s'est fixée* としていました。代名動詞の場合、再帰代名詞が直接目的補語なのか、間接目的補語なのかつねに識別するように心がけてください。また、5番目の文の Louise devrait rejoindre についてですが、devrait をとばして *rejoindre* のみ記した答案がかなりありました。1級受験者であれば、補助動詞なしで主語の直後に動詞の不定法がくるはずがないと気づくべきでしょう。devrait のつづりをまちがっている答案が散見されたのもひじょうに残念です。逆に、8番目の文の冒頭、Elle a donc dû se faire にふくまれる se faire を *se fait* としたものもかなりありましたが、これも補助動詞のあとに代名動詞がくる場合は不定法であるという基礎的な文法知識をふまえれば避けられたミスでしょう。助動詞と過去分詞、あるいは補助動詞と不定法が連続すると聞き取りにくいのでしょうか。最後の文にふくまれる qu'elle aura mis もあまりできがよくありませんでした。直説法前未来の発音を聞き取れなかったという音声レベルのミスと連動して、*qu'elle a mis* としたり、*qu'elle aura mit* としたりするなど、活用のつづりミスがめだちました。

この問題の平均得点率は55％でした。

【解 答】 Louise n'a qu'une jambe. Pourtant, elle est partie pour faire un tour de France en utilisant des béquilles. Elle s'est fixé le but de recueillir des dons pour une association contre le cancer. Depuis quatre mois, elle sillonne les routes de France. Louise devrait rejoindre Paris mercredi après-midi. Cette femme est courageuse et optimiste. À 15 ans, elle a eu une tumeur à la jambe droite qui mettait sa vie en danger. Elle a donc dû se faire couper ce membre. Pas certaine au départ de pouvoir réaliser son défi, elle s'est bien entraînée et est sur le point de réussir. Elle a traversé 39 départements, marché pendant 129 jours sans arrêt. C'est un exploit qu'elle aura mis un peu de temps à réaliser.

〖聞き取り試験〗

1

(1) Parce qu'il souhaitait que la ville (　　　) comme (　　　) du soulier.
(2) Il avait (　　　) en 1987 une association solidaire pour dynamiser l'(　　　) de la ville.

(3) De petites (　　) menacées d'une (　　).
(4) Parce qu'ils avaient (　　) la ville.
(5) Elle consiste en l'(　　) territorial : la marque privilégie les matières premières (　　).
(6) Il y a des Parisiens qui ne mettent plus (　　) des chaussures de la marque de Claude.

(読まれるテキスト)

> La journaliste : Claude, vous avez lancé votre marque de chaussures à Montauban, une petite ville du Sud-Ouest. Pourquoi ?
> Claude : Parce que je souhaitais que la ville de Montauban revive comme capitale du soulier.
> La journaliste : Pour cela, est-ce que vous aviez fait quelque chose de spécial avant de lancer votre marque ?
> Claude : J'avais créé en 1987 une association solidaire pour le développement économique de la ville, et je la dirige depuis.
> La journaliste : Quelles sont les activités de l'association ?
> Claude : Nous avons par exemple réussi à reprendre de petites entreprises menacées d'une délocalisation.
> La journaliste : Quant à votre marque de chaussures, comment avez-vous trouvé de bons artisans ?
> Claude : Ça n'a pas été facile, parce que les bons

artisans avaient quitté la ville, mais j'ai fini par retrouver d'anciens travailleurs de grandes marques.

La journaliste : Quelle est l'originalité de votre marque ?

Claude : L'ancrage territorial. Nous privilégions les matières premières locales. 90 % des fournitures sont achetées dans un rayon de 20 kilomètres. Et puis, nous mobilisons tout le savoir-faire historique de la région.

La journaliste : Quelles sont les réactions ?

Claude : Très bonnes. Il y a des Parisiens qui ne mettent plus que des chaussures de notre marque.

（読まれる質問）

un : Pourquoi Claude a-t-il lancé une marque de chaussures à Montauban ?
deux : Qu'est-ce que Claude avait fait avant de lancer sa marque de chaussures ?
trois : Qu'est-ce que l'association a réussi à reprendre ?
quatre : Pourquoi a-t-il été difficile de trouver de bons artisans ?
cinq : En quoi consiste l'originalité de la marque de Claude?
six : Comment les gens réagissent-ils ?

[解 説] 最近の傾向として、聞き取り[1]には、インタビューが出題され

ることが多いようです。そのインタビューを聞いて、5つないし6つの設問に答える問題です。記述式ですので、つづりや性数などに気をつけなくてはいけません。ときには読まれるテキストにある語をそのまま用いるのではなく、設問文にふさわしい品詞や別の語に書きかえる必要のある問題もありますので、聴取力のみならず語彙力も問われることを肝に銘じておいてください。今回は地域密着型の靴のブランドを設立した男性へのインタビューです。

(1)「Claude はなぜモントーバンで靴のブランドを発足させたのですか」という質問です。インタビューのなかで Claude は、Parce que je souhaitais que la ville de Montauban revive comme capitale du soulier.「モントーバンの街が靴の生産拠点として再生すれば、と願ったからです」と述べていますから、空欄には順にそのまま revive、capitale を入れます。revive のかわりに renaisse、ressuscite も正答としました。誤答の代表例としては、まず revive を revivre、soit、petite、sud-ouest、sud-est、mont auban、mont aubain、mont-au-vont としたものがあげられます。capitale については、半数以上の受験者が正答していましたが、capital のようなつづりミスもかなりありました。得点率は順に45％、59％でした。

(2)「靴のブランドを作り上げる前、Claude は何をしていましたか」という質問です。インタビューのなかで彼は、J'avais créé en 1987 une association solidaire pour le développement économique de la ville, et je la dirige depuis.「1987年に市の経済発展のために連帯組合を設立し、以来、その運営にたずさわっています」と答えていますから、空欄には順に créé、économie を入れます。créé のかわりに fondé、initié、lancé も正答としましたが、commencé、conçu、fait、ouvert は誤りです。また、économie のかわりに activité は可ですが、essor は不可です。誤答例として多かったのが créé については、crée、creé、cré、créer などのつづりミス、そして、économie については、économique、développement、economie、economique、economic などです。得点率は順に48％、65％でした。

(3)「組合は何を呼びもどすのに成功しましたか」という質問です。インタビューのなかで Claude は、Nous avons par exemple réussi à reprendre de petites entreprises menacées d'une délocalisation.「たとえば、われわれはこの土地を去るおそれのあった小規模企業を呼びもどすのに成功しました」と答えていますので、空欄には順に entreprises、délocalisation を入

れます。entreprises のかわりに、boîtes、compagnies、maisons、sociétés でもかまいません。比較的できはよかったのですが、聞き取った音を正確につづる段階でのミスもかなり見うけられました。たとえば、entreprises については、単数形の entreprise、つづりミスの éntreprise、そして délocalisation については、délocalisation、localisation、locarisation などといった誤答がみとめられました。得点率については順に 85％、85％ でした。

(4)「なぜすぐれた職人をみつけるのがむずかしかったのですか」という質問です。インタビューのなかで Claude は、Ça n'a pas été facile, parce que les bons artisans avaient quitté la ville [...]「それは容易なことではありませんでした、なぜならすぐれた職人たちはこの街を離れてしまっていたからです（…）」と述べていますから、空欄には quitté を入れます。ほかに abandonné、délaissé、déserté、fui も可です。全体的にはひじょうによくできていましたが、それでもなお、quitter、quittés のようなケアレスミスが散見されました。空欄をうめたあと、完成された文章が文法的に正しいかどうかよく見直しましょう。得点率は 90％ でした。

(5)「Claude のブランドのオリジナリティーはどのような点にありますか」という質問です。インタビューのなかで彼は、L'ancrage territorial. Nous privilégions les matières premières locales.「地域に密着しているということです。われわれはこの地域で調達できる原料を優先して用いています」と述べていますから、空欄には順に、ancrage、locales を入れます。ancrage については、enracinement も可。ancrage という語が意表をついたのか、音からなじみのある語を類推しようとした受験者が多かったようで、encourage とした答案が約半数を占めました。その他の誤答としては、encrage、encouragement、enclage、entourage、courage、encrâge などがありました。また、locales については régionales も可。territoriales は不可です。誤答としては、locale、local、locals、locaux などがありました。得点率は順に、4％、78％ でした。

(6)「人々の反応はどうですか」という質問です。インタビューのなかで Claude は、Très bonnes. Il y a des Parisiens qui ne mettent plus que des chaussures de notre marque.「大変よいです。もはやわが社のブランドの靴しかはかないパリジャンもいます」と述べていますから、空欄には que を入れます。tous、court などといった誤答が散見されましたが、全体的

にはひじょうによくできており、得点率は 92％に達しました。この問題の平均得点率は 75％でした。

解　答　(1) (revive) (capitale)　　(2) (créé) (économie)
　　　　　(3) (entreprises) (délocalisation)　(4) (quitté)
　　　　　(5) (ancrage) (locales)　　(6) (que)

2

(読まれるテキスト)

J'ai 17 ans et ça fait deux ans que je gère un site internet de vente d'accessoires pour furets. Je précise que le furet est le troisième animal de compagnie en France. C'est un animal qui dort beaucoup (20 heures par jour) et qui a besoin d'un large choix d'accessoires : hamac, coussin, couverture, etc. On m'a offert un de ces animaux pour mon quinzième anniversaire. J'ai alors décidé de lui fabriquer quelques accessoires et, pour me renseigner, je me suis mise à parcourir les forums sur Internet. Ça m'a permis de constater que personne n'était satisfait du marché français. C'est ainsi que j'ai repéré l'opportunité de ce marché de niche. J'ai tout de suite demandé à mes parents si je pouvais créer ma propre entreprise de vente en ligne. Après un temps de réflexion, ils ont accepté que je me lance. La principale difficulté était que j'étais mineure. J'ai eu la chance d'avoir des parents eux-mêmes entrepreneurs, et d'avoir pu créer un département au sein d'une de leurs sociétés. Tout en gérant cette entreprise, je continue une scolarité normale, sauf que je la réalise par correspondance. Pour mon avenir, si je dois passer par une expérience salariale, je me dirigerai dans l'univers du luxe. Non pas dans la mode, mais plutôt dans la parfumerie, où le savoir-faire m'impressionne. Mon rêve est ainsi de défendre la culture française et ses atouts au niveau international.

（読まれる内容について述べた文）

un : Marielle gère une entreprise de vente en ligne depuis deux ans.
deux : Le furet est un animal de compagnie peu populaire en France.
trois : Le furet n'est éveillé que 4 heures par jour.
quatre : Au lieu de fabriquer elle-même des accessoires pour son propre furet, Marielle voulait en acheter.
cinq : Marielle a trouvé l'opportunité du marché des accessoires pour furets en parcourant les forums sur Internet.
six : Les parents de Marielle ont immédiatement encouragé le projet de leur fille.
sept : Pour Marielle, ses parents ont créé un nouveau département dans une de leurs sociétés.
huit : Malgré elle, Marielle a dû arrêter sa scolarité pour gérer son entreprise.
neuf : Pour son avenir, Marielle s'intéresse moins à la mode qu'à la parfumerie.
dix : Marielle a pour ambition de défendre les atouts de

> la culture française au niveau international.

[解　説]　内容一致を問う正誤問題です。この聞き取り②では、モノローグや 3 人称の説明文が出題される傾向が強くなっています。まず、長文を 2 回聞き、次にその内容について述べた 10 の文を 2 回聞いて本文の内容と一致しているか否かを判断します。最後にもう 1 回長文が読まれますので、ここで最終的な確認をおこないます。まずは問題文の大意をとらえることに集中するのが第一ですが、ときおり問題文の細部にかかわる問題もふくまれていますので、細心の注意が必要です。実際、こまかいニュアンスを問う設問でやや得点率が下がる傾向にあります。今回は、ネットショップでフェレットのアクセサリーを販売している少女の紹介文です。

⑴「Marielle は 2 年前からネットショップを経営している」という文です。本文の冒頭には、Marielle は「2 年前からフェレット用の小物を販売するサイトを運営している」とありますから、本文の内容に一致します。得点率は 76％でした。

⑵「フェレットはフランスではペットとしてあまり人気がありません」という文です。本文冒頭に、「フェレットはフランスでは 3 番目に人気のあるペットです」とありますから、設問文は本文の内容に一致しません。得点率は 80％でした。

⑶「フェレットは 1 日のうち 4 時間しか起きていません」とあります。本文では、「フェレットはよく眠る動物です（1 日に 20 時間）」とありますから、この文は本文の内容に一致します。やさしい引き算ですが、聞き取った内容を頭のなかでいったん整理して解答する必要があったためか、得点率はやや下がり、63％でした。

⑷ 本文では、Marielle は 15 歳の誕生日にフェレットをもらったので、この動物用の小物を自分で作ろうときめた、とあります。したがって、「Marielle はフェレットのための小物を自分で作るのではなく、買いたいと思った」という文は、本文の内容とは一致しません。得点率は 82％でした。

⑸ 本文には、Marielle はネットフォーラムを閲覧するうち、フェレットの小物をあつかうフランス市場に満足している人はいないと気づき、この隙間市場に見込みがあると考えた、とあります。したがって、「Marielle

はネットフォーラムを閲覧するうち、フェレット用の小物市場に見込みがあると気づいた」という文は、本文の内容に一致します。得点率は86%でした。

(6)「Marielle の両親はすぐさま娘の計画を後押しした」という文です。本文では、Marielle の両親は、「少し考えたあとに（娘が）ネット販売を始めることに同意した」とありますので、この文は本文の内容と一致しません。Après un temps de réflexion と immédiatement ではニュアンスがまったくことなります。細部にも心を配りましょう。得点率は78%でした。

(7)「Marielle のため、彼女の両親は自分たちの経営する会社のひとつに新たな部局を作った」という文です。本文には、J'ai eu la chance d'avoir des parents eux-mêmes entrepreneurs, et d'avoir pu créer un département au sein d'une de leurs sociétés.「幸運なことに、私は自身企業主の両親にめぐまれ、彼らの会社のひとつに部局を作ることができた」とありますから、(7)の文は、本文の内容に一致します。得点率は77%でした。

(8) 本文には、Marielle は通信教育とはいえ、お店を経営しながら学業をつづけたとあります。したがって、「Marielle は、店の経営のため、心ならずも学業をあきらめなくてはならなかった」という文は、本文の内容と一致しません。得点率は89%でした。

(9) Marielle は将来、高級品をあつかう業界に進みたいと考えているが、それは服飾関係ではなく、むしろ化粧品関係だとあります。ですから、「将来については、Marielle は服飾関係よりも化粧品販売業に関心をもっている」という文は、本文の内容に一致します。得点率は83%でした。

(10)「Marielle は国際的レベルでフランス文化の強みを守りたいと思っている」というこの設問文は、本文結びの内容に一致します。得点率は97%でした。

この問題の平均得点率は81%でした。

解 答	(1) ①	(2) ②	(3) ①	(4) ②	(5) ①
	(6) ②	(7) ①	(8) ②	(9) ①	(10) ①

1次試験配点表

筆記試験	1	2	3	4	5	6	7	8	9	小計	書き取り	小計	聞き取り	1	2	小計	計
	12点	8	8	5	10	10	12	15	20	100		20		20	10	30	150

2 次 試 験
解 説

〔2次試験・面接〕

　A、B 2つのテーマから1つを選びます。原則として、Aは政治・経済・社会など、どちらかといえば時事的なテーマ、Bはより日常生活に密着した一般的なテーマとなっています。ただし、これは文字どおり原則であって、両者の境界があいまいな場合もあり、A、Bの要素が融合している問題もありますから、その点には十分留意してください。今回出題されたテーマは、以下の組み合わせでしたが、どの組み合わせが手渡されるのかは、試験直前にならないとわかりません。

【日本】
1. **A)** 一部の日本の大学が学年暦を変え、9月入学にしようとしていることについて、あなたはどう考えますか。
   B) あなたの考えでは、タブレット端末はパソコンにとってかわりうるものでしょうか。

2. **A)** 規制緩和をうけて、多くの格安航空会社が航空市場に新規参入しました。これについてあなたはどう思いますか。
   B) これから2060年までの間に、日本の人口は3分の1減少する見込みです。このような状況の中で、どのようにすれば日本の社会システムを守ることができるでしょうか。

【パリ】
1. **A)** ギリシアであれ、ポルトガルであれ、スペインであれ、多くの人々が峻厳な政策に異を唱えています。これについてあなたはどう思いますか。
   B) あなたは同性婚に賛成ですか、反対ですか。それはなぜですか。

2. **A)** フランスの新ファーストレディーは大統領と婚姻関係を結んでいません。これについてあなたはどう思いますか。
   B) あなたの考えでは、TwitterやFacebookのようなソーシャルネッ

トワークはメリットずくめなのでしょうか。

　受験者は面接までの3分間に、あたえられたテーマ **A**、**B** のいずれかを選び、そのテーマについて考えをまとめておきます。入室後、面接委員（通常、フランス人と日本人の計2人）が氏名などに関してフランス語で簡単な質問をしますので、フランス語で答えてください。その後、選んだテーマについて3分間の exposé をおこない、つづいて、その exposé に対する質疑応答が面接委員との間でおこなわれます（全体で9分）。
　自分にとって話を展開しやすいほうのテーマを選ぶのは当然ですが、重要なのは以下の点です。

1）**テーマの主旨をよく理解すること**：時事的なテーマを選ぶにせよ、より一般的なテーマを選ぶにせよ、その主題が現在の私たちにとってどのような問題を投げかけているのかを的確に理解していることが必要です。ピントのはずれた議論の展開を避けるためにも、問題点の核心をすばやく把握することが求められます。

2）**テーマをめぐって、論理的かつ説得的な議論を展開すること**：この面接試験は、受験者が選んだテーマに関して、その「印象」や「感想」を聞くための場ではありません。受験者には、論理的かつ説得的な議論の展開が求められます。みずからの意見の根拠を明確に示し、説得的な例を提示するのはもちろんのこと、その意見のもつ多様な可能性をダイナミックに展開してみせなければなりません。

3）**賛否両論の立場を考慮に入れるよう努力すること**：受験者の意見がそれ自体で完結しているのであれば、かならずしも賛否両論を述べる必要はありませんが、両方の意見のもちうる議論の広がりの可能性を考慮しつつ、両論を弁証法的にまとめあげるというのも作戦のひとつとして考慮しておいていいと思われます。時間の制約もあるので、ある程度仕方がないとはいえ、一方的に自説を主張する受験者がめだちますので気をつけてください。

4）**質疑応答では、面接委員の質問の意味を理解し、適切に持論を展開すること**：面接委員の質問は、受験者の意見に反論したり、あるいは批判をくわえるためのものではなく、その意見をさらにいっそう深めたり、展開したりするための誘導的な役割をはたそうとしていると理解

してください。
5) **面接委員からの反論に対しても、冷静に反応すること**：面接委員がときに受験者の意見に「反論」する場面があるかもしれませんが、そこには受験者をやりこめようなどという意図はまったくありません。これもまた、受験者のもつフランス語での思考力や展開力をみるための手法なのだと理解してください。面接委員の「意見」をよく吟味し、理解したうえで、それに論理的に「反論」することも、もちろん可能ですし、大歓迎です。

なお、面接委員による総合評価は以下の3点を軸にすえておこなわれます。
1) 受験者の exposé の内容と構成、その議論展開における論理的操作能力、適切な具体例の提示による議論の説得的な根拠づけ
2) 面接委員からの質問や反論に的確に答え、自分の意見を多岐にわたって展開できるインターラクティブなコミュニケーション能力
3) 受験者のフランス語の質（発音、文法、語彙力、表現の豊かさなど）

学校別受験者数一覧

2012年度春季　＜大学・短大別出願状況＞

出願者数合計が10名以上の学校を抜粋しました（50音順）。

	学校名	合計		学校名	合計		学校名	合計
	愛知県立大学	52	団体	甲南女子大学	13		東北学院大学	38
団体	愛知大学	28	団体	甲南大学	14		東北大学	19
	青山学院大学	152	団体	神戸松蔭女子学院大学	11		東洋大学	32
団体	茨城キリスト教大学	12		神戸学院大学	15	団体	獨協大学	146
	茨城大学	10		神戸大学	18		富山大学	25
	大分県立芸術文化短期大学	12		国際教養大学	21		長崎外国語大学	44
	大阪教育大学	23		国際基督教大学	15		名古屋外国語大学	68
団体	大阪大学	174		駒澤大学	21		名古屋大学	14
	大妻女子大学	12		首都大学東京	18		奈良女子大学	15
	岡山大学	20	団体	上智大学	101		南山大学	62
団体	沖縄国際大学	13		白百合女子大学	116		新潟大学	22
	小樽商科大学	25		杉野服飾大学	10		日本女子大学	27
	お茶の水女子大学	21	団体	椙山女学園大学	29	団体	日本大学	131
団体	学習院大学	63		成蹊大学	11	団体	一橋大学	10
	鹿児島純心女子短期大学	15	団体	成城大学	95		広島修道大学	10
団体	神奈川大学	17		聖心女子大学	31		広島大学	15
団体	金沢大学	22		西南学院大学	70	団体	フェリス女学院大学	29
団体	カリタス女子短期大学	22		専修大学	20		福岡大学	40
団体	関西外国語大学	98	団体	創価大学	22	団体	法政大学	81
	関西大学	45		大東文化大学	27		北星学園大学	13
団体	関西学院大学	129	団体	拓殖大学	119		北海道大学	16
	神田外語大学	17	団体	千葉大学	35		松山大学	20
団体	関東学院大学	49		中央大学	166		宮城学院女子大学	12
	北九州市立大学	28		中京大学	36	団体	武蔵大学	78
団体	九州産業大学	14		筑波大学	29	団体	明治学院大学	96
	九州大学	18		津田塾大学	34	団体	明治大学	164
団体	京都外国語大学	99		天理大学	17		桃山学院大学	12
団体	京都産業大学	82	団体	東海大学	40		横浜国立大学	20
	京都大学	38		東京外国語大学	30		立教大学	144
団体	共立女子大学	42		東京工業大学	13	団体	立命館大学	149
団体	金城学院大学	44		東京女子大学	22		龍谷大学	19
	熊本大学	13		東京大学	94	団体	早稲田大学	236
団体	慶應義塾大学	234	団体	同志社大学	43			

2012年度春季　＜小・中・高校・専門学校別出願状況＞

出願者数合計が5名以上の学校を抜粋しました（50音順）。

	学校名	合計		学校名	合計		学校名	合計
	青山学院高等部	5	団体	群馬県立渋川青翠高等学校	6	団体	埼玉県立南稜高等学校	7
団体	岩手県立不来方高等学校	14	団体	慶應義塾高等学校	5		西宮市立西宮東高等学校	8
	岩手県立花巻南高等学校	8	団体	埼玉県立伊奈学園総合高等学校	52	団体	日本外国語専門学校	34
	大妻中野中学校・高等学校	8	団体	白百合学園中学高等学校	49	団体	兵庫県立国際高等学校	11
	学習院女子中・高等科	9		スイス公文学園高等部	6		雙葉中学校・高等学校	25
	神奈川県立神奈川総合高等学校	8		聖ウルスラ学院英智高等学校	99	団体	フランス甲南学園トゥーレーヌ高等学校・中等部	19
団体	神奈川県立横浜国際高等学校	23		成城学園高等学校	6			
団体	カリタス女子中学高等学校	82	団体	聖ドミニコ学園中学高等学校	31	団体	北海道札幌国際情報高等学校	9
	神田外語学院	9		聖母学院中学高等学校	5	団体	立命館宇治中学校・高等学校	11
	函嶺白百合学園高等学校	5		聖母被昇天学院中学高等学校	55		流通経済大学付属柏高等学校	9
団体	暁星国際学園小学校	10		東京女子学院中学高等学校	6	団体	早稲田大学高等学院	12
団体	暁星中学・高等学校	6		東京調理師専門学校	10			
団体	暁星中学・高等学校	46		同朋高等学校	12			

2012年度秋季　　＜大学・短大別出願状況＞

出願者数合計が10名以上の学校を抜粋しました（50音順）。

	学校名	合計		学校名	合計		学校名	合計
団体	愛知県立大学	68		甲南女子大学	15	団体	同志社大学	41
団体	愛知大学	25	団体	甲南大学	18		東北学院大学	31
	青山学院大学	181		神戸市外国語大学	12		東北大学	13
	秋田大学	16	団体	神戸松蔭女子学院大学	21		東洋英和女学院大学	45
	亜細亜大学	81	団体	神戸女学院大学	10		東洋大学	54
	茨城キリスト教大学	57		神戸大学	25		獨協大学	146
	岩手大学	13	団体	國學院大學	20		富山大学	38
	宇都宮大学	14	団体	国際教養大学	27		長崎外国語大学	36
	大分大学	11		国際基督教大学	14	団体	名古屋外国語大学	87
団体	大阪教育大学	33	団体	駒澤大学	19		名古屋造形大学	43
	大阪産業大学	12	団体	作新学院大学	11		名古屋大学	16
	大阪市立大学	11		静岡県立大学	12		奈良女子大学	21
団体	大阪大学	178	団体	島根大学	10		南山大学	59
	大阪府立大学	13		城西国際大学	10		新潟大学	30
団体	大妻女子大学	12	団体	城西大学	13		日本女子大学	33
	岡山大学	21	団体	上智大学	135	団体	日本大学	430
	岡山理科大学	12	団体	昭和女子大学	19	団体	一橋大学	14
団体	沖縄国際大学	13	団体	白百合女子大学	215		弘前大学	12
	小樽商科大学	27	団体	杉野服飾大学	11		広島修道大学	21
	お茶の水女子大学	19		椙山女学園大学	26		広島大学	22
団体	学習院大学	173		成蹊大学	12	団体	フェリス女学院大学	35
団体	神奈川大学	15	団体	成城大学	175		福岡女子大学	13
	金沢大学	57	団体	聖心女子大学	62	団体	福岡大学	63
団体	カリタス女子短期大学	46	団体	西南学院大学	87	団体	富士常葉大学	27
団体	関西外国語大学	105	団体	専修大学	14	団体	法政大学	80
	関西大学	35	団体	創価大学	43	団体	北星学園大学	14
団体	関西学院大学	131	団体	大東文化大学	50	団体	北海学園大学	11
	神田外語大学	14	団体	拓殖大学	296		北海道大学	20
団体	北九州市立大学	19	団体	千葉大学	44		松山大学	13
団体	九州産業大学	19	団体	中央大学	187	団体	武庫川女子大学	91
	九州大学	12		中京大学	37		武蔵大学	63
団体	京都外国語大学	150	団体	筑波大学	26	団体	明治学院大学	125
団体	京都産業大学	87		津田塾大学	53	団体	明治大学	265
	京都女子大学	15		帝京大学	14		目白大学	16
	京都大学	27		天理大学	10		横浜国立大学	15
団体	共立女子大学	36		東海大学	77	団体	立教大学	177
	近畿大学	15		東京外国語大学	39	団体	立命館大学	123
団体	金城学院大学	61		東京家政大学	20		琉球大学	10
	熊本大学	11		東京工業大学	15	団体	龍谷大学	18
団体	群馬大学	22		東京女子大学	17	団体	早稲田大学	388
団体	慶應義塾大学	391		東京大学	108			

2012年度秋季　　＜小・中・高校・専門学校別出願状況＞

出願者数合計が5名以上の学校を抜粋しました（50音順）。

	学校名	合計		学校名	合計		学校名	合計
団体	岩手県立不来方高等学校	9	団体	慶應義塾高等学校	21	団体	東京女子学院中学校高等学校	24
団体	大阪府立住吉高等学校	11	団体	啓明学園中学校・高等学校	7	団体	日本外国語専門学校	27
団体	大妻中野中学校・高等学校	21		神戸海星女子学院中学・高等学校	57		日本大学付属高等学校・高等学校	7
	学習院女子中・高等科	12		小林聖心女子学院高等学校	10		兵庫県立国際高等学校	6
団体	神奈川県立有馬高等学校	6	団体	埼玉県立伊奈学園総合高等学校	33	団体	雙葉中学校・高等学校	20
団体	神奈川県立神奈川総合高等学校	19	団体	白百合学園中学校・高等学校	96	団体	フランス甲南学園 トゥレーヌ高等部・中等部	16
団体	神奈川県立横浜国際高等学校	16	団体	聖ウルスラ学院英智高等学校	67			
団体	カリタス小学校	21		成城学園高等学校	8	団体	立命館宇治中学校・高等学校	5
団体	カリタス女子中学校高等学校	77	団体	聖ドミニコ学園中学高等学校	36	団体	立命館慶祥中学校・高等学校	9
	神田外語学院	14		聖母被昇天学院中学校・高等学校	35	団体	早稲田大学高等学院	15
	暁星国際学園小学校	10	団体	中部コンピュータ・パティシエ・保育専門学校	9			
	暁星中学・高等学校	36						
	京都外大西高等学校	6		東京学芸大学附属国際中等教育学校	5			

文部科学省後援
実用フランス語技能検定試験
2013 年度 1 級仏検公式ガイドブック
傾向と対策＋実施問題
（CD 付）
定価（本体 2,600 円＋税）

2013 年 4 月 1 日 発行

編 者
発 行 者　公益財団法人　フランス語教育振興協会

発行所　　公益財団法人　フランス語教育振興協会
〒102-0073 東京都千代田区九段北 1-8-1 九段101ビル 6F
電話（03）3230-1603　FAX（03）3239-3157
http://www.apefdapf.org

発売所　　（株）駿 河 台 出 版 社
〒101-0062 東京都千代田区神田駿河台 3-7
振替口座 00190-3-56669番
電話（03）3291-1676（代）　FAX（03）3291-1675
http://www.e-surugadai.com
ISBN978-4-411-90242-9　C0085　￥2600E

落丁・乱丁・不良本はお取り替えいたします。
当協会に直接お申し出ください。
（許可なしにアイデアを使用し、または転載、
複製することを禁じます）
©公益財団法人　フランス語教育振興協会
Printed in Japan

装い新たに！『仏検公式問題集』が『仏検公式ガイドブック』にリニューアル！

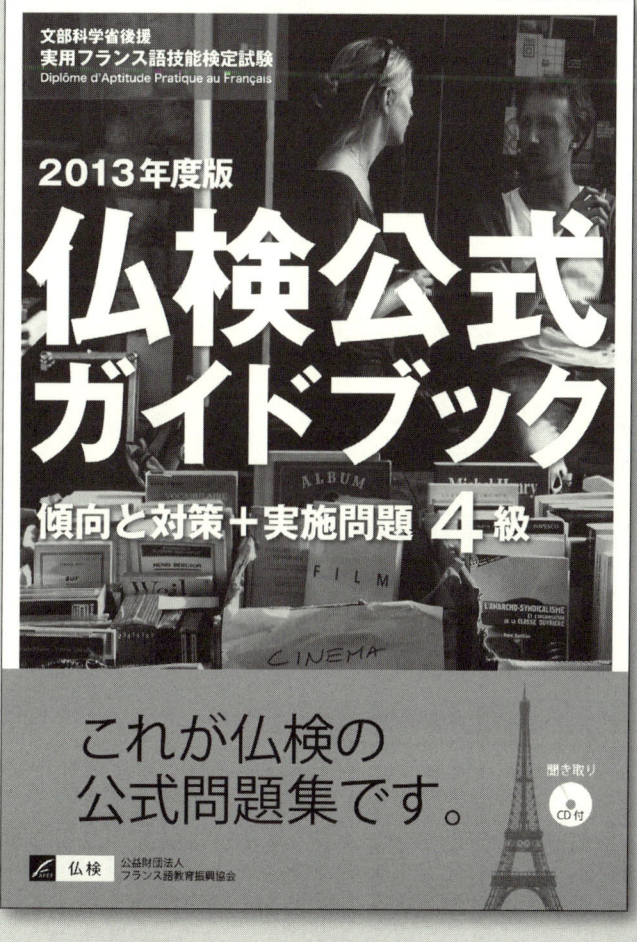

文部科学省後援
実用フランス語技能検定試験
Diplôme d'Aptitude Pratique au Français

2013年度版
仏検公式ガイドブック
傾向と対策＋実施問題　4級

これが仏検の公式問題集です。

聞き取りCD付

仏検　公益財団法人
フランス語教育振興協会

全国書店にて発売中！

全　級
書き取り
聞き取り CD付

1級	2,600円
準1級	2,600円
2級	2,500円
準2級	2,600円
3級	2,300円
4級	2,100円
5級	1,800円

（税別）

公益財団法人フランス語教育振興協会＝編／発売（株）駿河台出版社

APEF 公益財団法人 フランス語教育振興協会

TEL：03-3230-1603　／　FAX：03-3239-3157
〒102-0073　東京都千代田区九段北1-8-1 九段101ビル
E-mail：dapf@apefdapf.org　HP：http://www.apefdapf.org

直接お求めの場合は、書籍代＋送料300円を現金書留にてフランス語教育振興協会・仏検事務局までお送りください。

文部科学省後援　実用フランス語技能検定試験

仏検

DIPLÔME D'APTITUDE
PRATIQUE AU FRANÇAIS

1・準1・2・準2・3・4・5級　（1級は春季のみ、準1級は秋季のみ実施）
2013年度より秋季の準1・2級の併願が可能になります。

春季試験

【試験日程】
1次試験：**6月23日**（日）
2次試験：**7月21日**（日）

【受付期間】
受付開始：**4月1日**（月）
郵送申込締切：**5月22日**（水）消印有効
インターネット申込締切：**5月29日**（水）

秋季試験

【試験日程】
1次試験：**11月24日**（日）
2次試験：2014年**1月26日**（日）

【受付期間】
受付開始：**9月1日**（土）
郵送申込締切：**10月23日**（水）消印有効
インターネット申込締切：**10月30日**（水）

www.apefdapf.org

お申し込みはインターネットで！合否結果を郵送より一足早く閲覧できます。

APEF　公益財団法人 **フランス語教育振興協会**　仏検事務局

〒102-0073　東京都千代田区九段北1-8-1 九段101ビル　TEL：03-3230-1603　E-mail：dapf@apefdapf.org